TURKISH FOR TRAVELLERS

Mehmet Hengirmen

Translated By.
Doç.Dr. Sabri Koç

engin

ISBN 975 - 7287 - 12 - 1

engin

ENGİN YAYINEVİ
Selanik Caddesi 28/6
Kızılay 06 650 ANKARA
Tel : (00 90 312) 419 49 20
(00 90 312) 419 49 21
Faks : (00 90 312) 419 49 22

Basım Tarihi : Mayıs 1997
Basım Yeri : Kültür Matbaası - ANKARA
(00 90 312) 342 07 58

CONTENTS

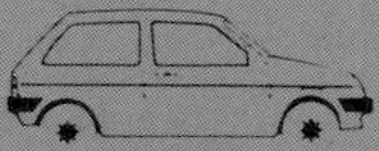

PREFACE

You'd like to spend your holiday in Turkey, but unfortunately you don't speak Turkish. Do not worry! Now you have this guidebook which aims at solving your communication problems during your stay in Turkey.

The most important aspect which makes this book different from other existing guidebooks is that this book includes some short dialogues. Suppose you are looking for a hotel or asking where the post office is, you ask someone questions and get answers. If so, you not only have to know how to ask questions but also how to understand the replies. For this reason, the dialogues are an indispensable guide.

The most difficult aspect of Turkish for foreigners is its pronunciation. In order to get over the pronunciation problem dialogues, expressions and words are given with their pronunciation prepared according to the English alphabet. Besides, there is cassette recording of the dialogues and other sentences accompanying the guidebook. Thus, with the guidance of transcriptions and the cassette you will have no difficulty in pronouncing Turkish.

Although the structure of Turkish syntax is quite different than that of English, (because the two languages belong to different language families) the rules of Turkish syntax are quite regular. One of the most regular rules in Turkish is the vowel harmony. You are given the pronunciation rules for Turkish transcribed in English in the Introduction section of the guidebook. Also a brief explanation on Turkish grammar is included in the guidebook.

HOW TO USE THE GUIDEBOOK

This guidebook is somewhat different from other guidebooks. In this guidebook the topics are arranged according to situations that tourists are likely to confront during their travel. Under each topic there is a dialogue section where the types of dialogues likely to occur between tourists and Turks are dealt with. The pronunciation of Turkish sentences or phrases are transcribed in a consistent way throughout the guidebook. More expressions concerning the topic follow the dialogue section. In addition, words and phrases related to the topic under discussion are listed. In case of difficulty in understanding a reply from a Turk, we suggest you ask the person to show you a similar sentence in Turkish in the guidebook so that you can understand what he means.

INDEX

For reference purposes, the words included in this guidebook and their meanings in Turkish are listed in the INDEX section in alphabetical order with page references.

HOW WILL YOU FIND THE TOPIC YOU'RE LOOKING FOR?

In order to help you in finding topics easily the right margins of pages are colored differently. You are given a reference as to which color indicates which topic. Also to help you during your visit some brief information on how to act at places like barber's, restaurants and hairdresser's etc. is introduced.

We hope that you will have a nice and happy holiday in Turkey.

ACKNOWLEDGEMENTS

I would like to express my deep gratitude to Sabri Koç, who kindly translated this guidebook into English.

Some Notes on Turkish Grammar

The Turkish language uses the Roman alphabet but it is very different from English. It is impossible to discover all the features of Turkish in such a short introduction, but we will try to give you some information about its prominent features such as plurality in nouns, nominal cases, personal suffixes, adjectives, personal pronouns, verbs, questions and negative form.

Plurality in Nouns

In Turkish as in English, nouns have no gender. In Turkish there is no definite article like "the" in English, but the definiteness in nouns is expressed by a suffix which may be -ı, -i, -u, or -ü according to the rules of vowel harmony. We may divide vowels into two groups for the sake of simplicity:

Group 1: a, ı, o, u and Group 2: e, i, ö, ü. The suffix showing plurality of nouns is either -lar or -ler depending on vowel harmony. If the noun includes any of the vowels in Group 1 in the last syllable of the word, then the plural suffix to be used is -lar, otherwise it is -ler. See the examples:

Singular	Plural
ev *(house)*	evler *(houses)*
kişi *(person)*	kişiler *(persons)*
köşe *(corner)*	köşeler *(corners)*
kültür *(culture)*	kültürler *(cultures)*
kaşık *(spoon)*	kaşıklar *(spoons)*
kız *(girl)*	kızlar *(girls)*
oto *(automobile)*	otolar *(automobiles)*
okul *(school)*	okullar *(schools)*

Notice the following:

kitap *(book)*	kitaplar *(books)*
otel *(hotel)*	oteller *(hotels)*
otobüs *(bus)*	otobüsler *(buses)*

If the noun contains vowels from either group, then the plural suffix is formed according to the last vowel of the noun.

Case Suffixes in Turkish:

The vowel harmony operates in case suffixes, too.

Cases	Singular form	Plural form
Absolute	göl *(lake)*	göller *(lakes)*
	arkadaş *(friend)*	arkadaşlar *(friends)*
Accusative	gölü *(the lake*	*gölleri (the lakes)*
	arkadaşı *(the friend)*	arkadaşları *(the friends)*
Possessive	gölün *(of the lake)*	göllerin *(of the lakes)*
	arkadaşın *(of the friend)*	arkadaşların *(of the friends)*
Dative	göle *(to the lake)*	göllere *(to the lakes)*
	arkadaşa *(to the friend)*	arkadaşlara *(to the friends)*
Locative	gölde *(in the lake)*	göllerde *(in the lakes)*
	arkadaşta *(at the friend's)*	arkadaşlarda *(at the friends')*
Ablative	gölden *(from the lake)*	göllerden *(from the lakes)*
	arkadaştan *(from the friend)*	arkadaşlardan *(from the friends)*

Notice that case suffixes do not only form according to the rules of the vowel harmony but also there is a consonant harmony operating in Turkish. After tense consonants like /t/, /k/ /p/, /ş/, for example, the locative case suffix is-ta and the ablative case suffix -tan, other- wise they are -de or -da and - den, or - dan.

Adjectives:

In Turkish the adjective comes before the noun and does not change its place in the comparative and superlative forms.

Simple	Comparative	Superlative
çok para *much money*	daha çok para *more money*	en çok para *the most money*

güzel şehir *beautiful city*	daha güzel şehir *more beautiful city*	en güzel şehir *the most beautiful city*
yeni araba *new car*	daha yeni araba *newer car*	en yeni araba *the newest car*

Personal Pronouns

Cases	I	you	he/she/it	we	you	they
Absolute	ben	sen	o	biz	siz	onlar
Accusative	beni	seni	onu	bizi	sizi	onları
Possessive	benim	senin	onun	bizim	sizin	onların
Dative	bana	sana	ona	bize	size	onlara
Locative	bende	sende	onda	bizde	sizde	onlarda
Ablative	benden	senden	ondan	bizden	sizden	onlardan

The subject pronouns in the absolute case are not usually used (except for emphasis), because the subject is understood from verb endings in Turkish.
Ben gidiyorum (I'm going) = Gidiyorum.
/-m/ suffix at the end of verb shows that the subject is "ben".

Possessive Adjectives

The English possessive adjectives (my, your, his, her etc.) are expressed in Turkish by suffixes. Study the examples to see two ways of expressing possessive adjectives.

After a consonant

my house	(ben-im)	ev-im
your house	(sen-in)	ev-in
his/her/its house	(o-nun)	ev-i
our house	(biz-im)	ev-imiz
your house	(siz-in)	ev-iniz
their house	(onlar-ın)	ev-i ev-leri

After a vowel

my car	(ben-im)	araba-m
your car	(sen-in)	araba-n
his/her/its	(o-nun)	araba-sı
our car	(biz-im)	araba-mız
your car	(siz-in)	araba-nız
their car	(onlar-ın)	araba-sı
		araba-ları

In Turkish adjective phrases may be expressed like "benim evim" or only "evim". In the second form possessive suffix is attached to the end of the noun. Notice that possessive suffixes have variations according to the rules of the vowel harmony. For example, -im has variations such as -ım, -um, and -üm; -nız has variations such as -niz, -nuz, and -nüz.

Verbs

The conjugation of verbs is regular in Turkish. We are going to exemplify the most common three tenses. Here, too,the rules of vowel harmony are applicable.

The Present Continuous Tense

to take = al-mak (the root is al-)

I'm taking	al-ı-yor-um
You are taking	al-ı-yor-sun
He/She/It's taking	al-ı-yor
We are taking	al-ı-yor-uz
You are taking	al-ı-yor-sunuz
They are taking	al-ı-yor-lar

The suffix showing present continuous tense is-yor and it is the same for all persons. The sound /-ı-/ is a sound which fills the space between two consonants in case the verb root ends with a consonant and it has variations such as /-i-/, /-u-/ and /-ü-/ according to the vowel in the last syllable of the verb root. For instance I'm giving = ver-i-yor-um; I'm dying = öl-ü-yor-um; I'm running = koş-u-yor-um.

The Simple Past Tense

to fly= uç-mak (the root is uç-)	
I flew	uç-tu-m
You flew	uç-tu-n
He/She/It flew	uç-tu
We flew	uç-tu-k
You flew	uç-tu-nuz
They flew	uç-tu-lar

The past tense suffix is -tu and it has variations such as -tı, -ti, -tü, -dı, -di, -du and -dü according to the rules vowel and consonant harmony. If, for example, the verb root contains one of the lax consonants like -d, -l, -r, -m etc. in the last syllable, then the past tense suffix is variations of -dı according to the vowel harmony. For instance, öde-di-k (We paid), gel-di-m (I came), gördü-m (I saw), göm-dü-m (I buried).

The Simple Future Tense

to drink= iç-mek (the root is iç-)	
I will drink	iç-eceğ-im
You will drink	iç-ecek-sin
He/She/It'll drink	iç-ecek
We will drink	iç-eceğ-iz
You will drink	iç-ecek-siniz
They will drink	iç-ecek-ler

The future tense suffix in Turkish is -ecek or -acak according to the vowel harmony. For example, if we conjugate the verb to stay= kal-mak, the future suffix becomes -acak as in "You will stay= kal-acak-sın or kal-acak-sınız. The /-k/ sound at the end changes into /-ğ/ (soft g) when there is a vowel following /-k/ as in /iç-eceğ-im/ and /iç-eceğ-iz/.

Negative Form

The negative form in Turkish is achieved by the insertion of the negative suffix /-mı-/, /-mi-/, /-mu-/, and /-mü-/ in the present continuous tense, either /-me-/ or /-ma-/ in the simple past and future tenses immediately after the verb root again according the rules of the vowel harmony. Notice the following conjugations in the three tenses we have given above. The /-y-/ sound in iç-me-y-eceğ-im is a slot-filling sound to avoid contact between two vowels.

I'm not taking	al-mı-yor-um	We are not taking	al-mı-yor-uz
I didn't fly	uç-ma-dı-m	We didn't fly	uç-ma-dı-k
I won't drink	iç-me-y-eceğ-im	We won't drink	iç-me-y-eceğ-iz
I'm not dying	öl-mü-yor-um	We are not dying	öl-mü-yor-uz
I'm not running	koş-mu-yor-um	We are not running	koş-mu-yor-uz

Question Form

In Turkish the suffix showing the question is /-mi-/ and its variations according to the vowel harmony inserted right before the personal suffix in the simple past tense. Examine the following questions and notice that it is written separately in all cases, therefore there is no (-) in between. The /-u-/ is a slot-filling sound to avoid contact between two consonants and the /-y-/ sound is a slot filling sound to avoid contact between two vowels in /koş-u-yor mu-y-uz/.

Are you taking?	al-ı-yor mu-sun?	Is he taking?	al-ı-yor mu?
Did you fly?	uç-tu-n mu?	Did we fly?	uç-tu-k mu?
Will you drink?	iç-ecek misin?	Will they drink?	iç-ecek-ler mi?
Are you running?	koş-u-yor musun?	Are we running?	koş-u-yor mu-y-uz?
Did you run?	koş-tu-n mu?	Did they run?	koş-tu-lar mı?
Will you run?	koş-acak mı-sın?	Will they run?	koş-acak-lar mı?

In negative questions the place of the suffixes are the same. See the examples.

Are you running?	koş-u-yor musun?	Aren't you running?	koş-mu-yor mu-sun?
Did you run?	koş-tu-n mu?	Didn't you run?	koş-ma-dın mı?
Will you run?	koş-acak mı-sın?	Won't you run?	koş-ma-y-acak mı-sın?

Guide to Pronunciation

You'll find the transcriptions for the pronunciation of Turkish words explained below. The transcriptions are to be read as if they were English. Of course, the sounds of Turkish and English are not exactly the same, but approximate pronunciation of words will be intelligible.

Consonants

Letter	Approximate Pronunciation	Symbol	Example
b	as in English	b	baba, bebek, bel, bir bahbah, behbehk, behl, beer
c	like j as in jump	j	ceket, can, cam, cami jehkeht, jahn, jahm, jahmee
ç	like ch as in church	ch	çok, çorba, çiçek chok, chorbah, cheechehk
d	as in English	d	deniz, diş, evde dehneez, deesh, ehvdeh
f	as in English	f	lütfen, fiyat lewtfehn, feeyaht
g	as in English	g	gel, gemi, ingiliz gehl, gehmee, eengeeleez
ğ	ğ occurs after or between vowels and it lengthens the preceeding vowel	Vowel+r	to show lengthening) dağ/dar (r to be read as vowel lengthening) ağlamak/ahlahmahk or arlahmahk
h	like h as in hot, hit	h hh when strong	hesap, hafta, daha hehsahp, hahftah, dahhah mahkeme/mahhkehmeh
j	like s in measure	zh	plaj, müjde plahzh, mewzhdeh
k	like c in cold, cure	k	kapı, kilim, tek kahpı, keeleem, tehk
l	as in English	l	lira, kal, gel, leerah, kahl, gehl
m	as in English	m	meslek, masa, adam mehslehk, mahsah, ahdahm
n	as in English	n	nasıl, neden, nerede nahsıl, nehdehn, nehrehdeh
p	as in English	p	para, kapı, pazar pahrah, kahpı, pahzahr
r	always pronounced with tip of the tongue touching the gum behind upper teeth	r	rakı, karı, para rahkı, kahrı, pahrah

s	as in English	s	sen, süt, kasım sehn, sewt, kahsım
ş	like sh in shoe, shut	sh	şeker, şarap, kış shehkehr, shahrahp, kısh
t	as in English	t	tatlı, temiz, et tahtlı, tehmeez, eht
v	as in English at the beginning	v	var, ver vahr, vehr
	more like w in the middle	v	kavun, tavuk kahvoon, tahvook
y	like y as in yes, yield, you	y	hayır, yol, yok hahyır, yol, yok
z	as in English	z	zaman, zengin, az zahmahn, zehngeen, ahz

Vowels

a	like a as in parcel, park slightly short	ah	ad, akşam, para ahd, ahkshahm, pahrah
e	like e as in met	eh	ev, evet, ekmek ehv, ehveht, ehkmehk
ı	like e as in waited, bitter	ı	talı, ısı, karı tahtlı, ısı, kahrı
i	like i as in machine	ee	iyi, kilim, elli eeyee, keeleem, ehllee
o	like ou as in court (American English)	o	otel, okul, oto otehl, ohkool, oto
ö	like ur as in fur with rounded lips, but r is never to be read.	ur	göl, ödemek, gurl, urdehmek
u	like u as in pull	oo	uçak, uzun oochahk, oozoon
ü	like ee as in see, but with rounded lips or u as in French words ''sur'' and ''Curie''	ew	üç, ütü, üzüm ewch, ewtew, ewzewm

Diphthongs

ay	like igh as in sight	igh	ay, say, mayıs igh, sigh, mighıs also can be read as ahy, sahy, mahyıs
ey	like ay as in say	ay	bey, eylül bay, aylewl also can be read as behy, ehylewl

Basic expressions - Genel ifadeler - Pronunciation

Hello	merhaba	mehrhhahbah
Good morning	günaydın	gewnighdın
Good afternoon	tünaydın	tewnighdın
Have a nice day./ Good day.	İyi günler	eeyee gewnlehr
Good evening.	İyi akşamlar	eeyee ahkshahmlahr
Good night.	İyi geceler.	eeyee gʸehjehlehr
Thank you.	Teşekkür ederim	tehshehkkʸewr ehdehreem
That's all right. Not at all. Don't mention it.	Birşey değil.	beershehy dereel
How are you?	Nasılsınız?	nahssılsınız
Fine, Thank you.	Teşekkür ederim, iyiyim	tehshehkkʸewr ehdehreem eeyeeyeem

Yes.	evet	ehveht
No.	hayır	hahyır
Miss/Mrs.	hanım	hahnım
Mr.	bey,	bay
Please	lütfen	lewtfehn
Excuse me	affedersiniz	ahfehdehrseeneez
I'm hungry	acıktım	ahjıktım
I'm thirsty	susadım	soossahdım
I'm lost	kayboldum	kighboldoom
Okay	tamam	tahmahm
It's important	önemli	urnehmlee
It's urgent	acele	ahjehleh
Help!	imdat!	eemdaht
Welcome	Hoş geldiniz.	hosh gehldeeneez
Thank you	Hoş bulduk	hosh booldook
Good-bye	Allahaısmarladık	ahllahhhah ısmahrlahdık
	Güle güle	g^y^ewleh gewleh
I Understand	Anlıyorum	ahnlıyoroom
I don't understand	Anlamıyorum	ahnlahmıyoroom
I know	Biliyorum	beeleeyoroom
I don't know	Bilmiyorum	beelmeeyoroom
I'd like.../I want...	İstiyorum	eesteeyoroom
I don't want...	İstemiyorum	eestehmeeyoroom
Please help (me)	Lütfen (bana) yardım edin	llewtfehn bahnah yahrdım ehdeen.
Yesterday	dün	dewn
Today	bugün	boo gewn
Tomorrow	yarın	yahrın
Morning	sabah	sahbahhh
Noon	öğle	urrleh
Evening	akşam	ahkshahm
Night	gece	gehjeh
Here	burada	boorahdah
There	şurada	shrahdah
Over there	orada	orahdah
On the right	sağda	sahrdah
On the left	solda	soldah
In the front	önde	urndeh
At the back	arkada	ahrkahdah
Ahead	ileride	eelehreedeh
Directly/Straight	dosdoğru	dossdorroo
There is/There are...	var	vahr
There isn't/here aren't..	yok	yok

Greetings - Selâmlaşma
Dialogue - Diyalog

- Hello.
- Merhaba
mehrhhahbah

- Hello.
- Merhaba.
mehrhhahbah

- How are you?
- Nasılsınız?
nahssılsınız

- Fine, thank you. How are you?
- Teşekkür ederim, iyiyim. Siz nasılsınız?
tehshehkkyewr ehdehreem, eeyeeyeem, seez nahssılsınız

- Thank you. I'm fine, too.
- Teşekkür ederim. Ben de iyiyim.
tehshehkkyewr ehdehreem, behndeh eeyeeyeem

Introductions - Tanışma -
Dialogue - Diyalog

- What's your name?
- Adınız ne?
ahdınız neh

- My name is Candan. What's your name?
- Adım Candan. Sizin adınız ne?
ahdım jahndahn. seezeen ahdınız neh

- Elizabeth.
- ELizabeth.
ehleezahbeht

- Where do you come from?
- Nerelisiniz?
nehrehleeseeneez

- **I come from/I'm from England.**
İngiltere'liyim.
eengeeltehrehleeyem

- **Where are you staying?**
- Nerede kalıyorsunuz?
nehrehdeh kahlıyorsoonooz

- **I'm staying at the Kent Hotel.**
Kent Otel'de kalıyorum.
kehnt otehldeh kahlıyoroom

- **Glad to meet you.**
- Tanıştığımıza memnun oldum.
tahnıshtırımızah mehmnoon oldoom

- **Glad to meet you, too.**
- Ben de memnun oldum
behndeh mehmnoon oldoom

- **Good-bye.**
- Allahaısmarladık.
ahllahhhahısmahrlahdık

- **Good-bye.**
- Güle güle.
gyewleh gyewleh

Sentences about introductions

- **I'm coming from Austria.**
Avusturya'dan geliyorum.
ahvoostooryahdahn gehleeyoroom

- **I'm coming from Switzerland.**
İsviçre'den geliyorum.
eesveechrehdehn gehleeyoroom

- **I'm from Holland.**
- Hollandalıyım.
hollahndahlıyım

- **I'm from Switzerland.**
- İsviçreliyim.
eesveechrehleeyem

- I'm from Denmark.
- Danimarkalıyım.
dahneemahrkahlıyım

- I'm an Englishman.
- İngilizim.
eengeeleezeem

- I'm staying at home.
Evde kalıyorum.
ehvdeh kahlıyoroom

- I'm staying at a pension.
Pansiyonda kalıyorum.
pahnseeyondah kahlıyoroom

- I'm staying at my friend's.
Arkadaşımın yanında kalıyorum.
ahrkahdahshımın yahnındah kahlıyoroom

Introductions - Tanıştırma
Dialogue - Diyalog

- May I introduce my wife to you?
Eşimi sizinle tanıştırabilir miyim?
ehsheemee seezeenleh tahnıshtırahbeeleer meyeem

- Sure, I'll be glad
- Tabii, çok memnun olurum.
tahbeeee, chok mehmnoon olooroom

- This is my wife Selma.
- Eşim Selma.
ehsheem sehlmah

- Glad to meet you, Selma.
- Tanıştığıma memnun oldum, Selma.
tahnıshtırımah mehmnoon oldoom sehlmah

- Glad to meet you, too.
- Ben de memnun oldum.
behn deh mehmnoon oldoom

Other expressions about introductions - Tanıştırma ile ilgili ifadeler

my wife	eşim	ehsheem
my fiance	nişanlım	neeshahnlım
my friend	dostum/arkadaşım	dostoom/ ahrkahdahshım
my brother	erkek kardeşim	ehrkehk kahrdehsheem
my sister	kız kardeşim	kız kahrdehsheem
my mother	annem	ahnnehm
my son	oğlum	orloom
my daughter	kızım	kızım

Profession - Meslek
Dialogue - Diyalog

- What's your profession?
- Mesleğiniz nedir?
mehslehreeneez nehder

- I'm a doctor.
- Doktorum.
doktoroom

- What is your job?
- Ne iş yapıyorsunuz?
neh eesh yahpıyor soonooz

- I'm a teacher.
- Öğretmenim.
urrehtmehneem

Other expressions about professions - Mesleklerle ilgili kelimeler

accountant	muhasebeci	moohahsehbehjee
architect	mimar	meemahr
artist	sanatçı/ressam	sahnahtchı/rehssahm
businessman	işadamı	eesh ahdahmı
butcher	kasap	kahsahp
chemist	kimyager	keemyahgehr
coiffeur/hairdresser	kuaför	kooahrur
cook	aşçı	ahshchı
dentist	dişçi	deeschchee
doctor	doktor	doktor
driver	şöfor	shofurr

engineer	mühendis	mewhehndees
fisherman	balıkçı	bahlıkchı
gardener	bahçıvan	bahchıvan
government official	memur	mehmoor
green grocer	manav	mahnahv
guide	rehber	rehhbehr
hospital attendant	hasta bakıcı	hahstahbahkıji
housewife	ev kadını	ehv kahdını
interpreter	çevirmen	chehveermehn
eweller	kuyumcu	kooyoomjoo
judge	hakim	hahkeem
lawyer	avukat	ahvookaht
university teacher	öğretim üyesi	urrehteem ewyehsee
musician	müzisyen	myewzeesyehn
newspaper reporter	gazeteci	gahzehtehjee
nurse	hemşire	hehmsheereh
nursemaid	ebe	ehbeh
painter	ressam	rehssahm
pharmacist	eczacı	ehjzahjı
poet	şair	shaheer
postman	postacı	postahji
prosecutor	savcı	sahvjı
sculptor	heykeltraş	hehykehltrahsh
secretary	sekreter	sehkrehfehr
shop assistant	tezgahtar	tehzgehhtahr
shopkeeper	küçük esnaf/bakkal	bahkkahl
social psychologist	sosyal psikolog	sosyahl pseekolog
student/pupil	öğrenci	urrehnjee
tailor	terzi	tehrzee
teacher	öğretmen	urrehtmehn
technician	teknisyen	tehkneesyehn
tradesman	tüccar	tyewjjahr
veterinary surgeon	veteriner	vehtehreenehr
waiter	garson	gahrson
watchmaker	saatçi	sahahtchee
worker	işçi	eeshchee
writer	yazar	yahzahr

Talking about education

Dialogue

- **What school are you attending?**
- Hangi okula gidiyorsunuz/devam ediyorsunuz?
  hahngee okoolah geedeeyorsoonooz/
  dehvahm ehdeeyorsoonooz

- **I'm attending the university.**
Üniversiteye devam ediyorum.
ewneevehrseetehyeh dehvahm ehdeeyoroom.

- **Which department are you in?**
- Hangi bölümdesiniz?
hahngee burlewdehseeneez

- **I'm in the Physics Department.**
Fizik bölümündeyim
feezeek burlewmewndehyeem

- **I'm attending lycee.**
Liseye gidiyorum.
leeysehyeh geedeeyoroom

Additional Vocabulary Items about Schools

academy	akademi	ahkahdehmee
faculty	fakülte	fahkewlteh
high school, lycee	lise	leeseh
middle school	ortaokul	ortahokool
primary/elementary school,	ilkokul	eelkokool
school	okul	okool
university	üniversite	ewneevehrseeteh

Departments - Bölümler

archaeology	arkeoloji	ahrkeholozhee
architecture	mimarlık	meehmahrlık
art	resim	rehseem
biology	biyoloji	beeyolozhee
chemistry	kimya	keemyah
dentistry	dişçilik	deeshcheeleek
economics	ekonomi	ehkonomee

medicine	tıp	tıp
English	İngilizce	eengeeleezjeh
geography	coğrafya	jorrahfyah
geology	jeoloji	zheholozhee
history	tarih	tahreeh
history of art	sanat tarihi	sahnaht tahreehee
law	hukuk	hookook
management	işletme	eeshlethmeh
mathematics	matematik	mahtehmahteek
music	müzik	mewzeek
oriental studies	şarkiyat	shahrkeeyaht
pedagogy	pedogoji	pehdahgozhee
philology	filoloji	feelolozhee
philosophy	felsefe	fehlsehfeh
physics	fizik	feezeek
political science	siyasal bilgiler	seeyahsahl beelgeelehr
psychology	psikoloji	pseekolozhee
sociology	sosyoloji	sosyolozhee
veterinary science	veterinerlik	vehtehreeneerleek
zoology	zooloji	zoolozhee

General Questions - Genel sorular

Dialogue

- **What do you caıl this?**
- Bunun adı ne?
  boonoon ahdı neh

- **This is a key.**
- Bu anahtar.
  boo ahnahtahr

- **Who is this?**
- Bu kim?
  boo keem

- **This is Aydanur Hanım.**
- Bu Aydanur Hanım.
  boo ighdahnoor hahnım

- **Where is the toilet?**
  Tuvalet nerede?
  toovahleht nehrehdeh

- **It is over there.**
- Şurada.
shoorahdah

- **Where are you going?**
- Nereye gidiyorsunuz?
nehrayeh geedeeyorsoonooz

- **I'm going to the hotel.**
Otele gidiyorum.
otehleh geedeeyoroom

- **Where are you coming from?**
- Nereden geliyorsunuz?
nehrehdehn gehleeyorsoonooz

- **I'm coming from Istanbul.**
İstanbul'dan geliyorum.
eestahnbooldahn gehleeyoroom

- **Is there a restaurant nearby?**
- Yakında bir lokanta var mı?
yahkındah beer lokahntah vahr mı

- **Yes, there is one just across.**
- Evet, karşıda var.
ehveht kahrshıdah vahr

- **Isn't there a cheap hotel here?**
- Burada ucuz bir otel yok mu?
boorahdah oojooz beer otehl yok moo

- **No, there isn't.**
- Hayır, yok.
hahyır yok

- **When is the train leaving?**
- Tren ne zaman kalkıyor?
trehn neh zahmahn kahlkıyor

- **At 3 o'clock.**
- Saat üçte
sahaht ewchteh

- **What time is it?**
Saat kaç?
sahaht kachch

- **It's 2 o'clock.**
- Saat iki.
sahaht eekee

- **How can I go to the city center?**
- Şehir merkezine nasıl gidebilirim?
shehheer mehrkehzeeneh nahsıl geedehbeeleereem

- **Go straight ahead.**
- Dosdoğru gidiniz.
dosdorru geedeeneez

- **How much does this dress cost?**
- Bu elbise kaç lira?
boo ehlbeeseh kach leerah

- **It cost 10.000 Turkish liras.**
- On bin lira.
on been leerah

- **How many hours does it take to go to Istanbul from Ankara by bus?**
- İstanbul - Ankara arası otobüsle kaç saattir?
eestahnbool-ahnkahrah ahrahsı otobewsleh kach sahahtteer

- **It takes six hours.**
- Altı saattir.
ahltı sahatteer

- **Which bus goes to Kadıköy?**
- Hangi otobüs Kadıköy'e gidiyor?
hahngee otobews kahdıkuryeh geedeeyor

- **Bus number 121 goes to Kadıköy.**
- Yüzyirmibir nolu otobüs Kadıköy'e gidiyor.
yewzyeermeebeer noloo otobews kahdıkuryeh gedeeyor

Languages you speak
Dialogue

- **Do you speak English?**
İngilizce biliyor musunuz?
eengeeleezjeh beeleeyor moosoonooz

- **Yes, I do.**
- Evet, biliyorum.
ehveht beeleeyoroom

- **Do you speak German?**
Almanca biliyor musunuz?
ahlmahncah beeleeyor moosoonooz

- **No, I don't.**
- Hayır, bilmiyorum.
hahyır, beelmeeyoroom

- **Do you speak Turkish?**
Türkçe biliyor musunuz?
tewrkcheh beeleeyormoosoonooz

- **Yes, I speak a little Turkish.**
- Evet, biraz Türkçe biliyorum.
ehveht beerahz tewrkcheh beeleeyoroom.

- **Do you understand what I say in Turkish?**
- Türkçe'de ne dediğimi anlıyor musunuz?
tewrchehdeh neh dehdeereemee ahnlıyormoosoonooz

- **Please speak more slowly. I can't quite understand you.**
- Lütfen daha yavaş konuşun. İyi anlıyamıyorum.
lewthfehn dahhah yahvahsh konooshoon, eeyee ahnlıyahmıyoroom

Some expressions -

Please show me the word in the dictionary.
Lütfen kelimeyi sözlükte gösterin.
lewtfehn kehleemehyee surzlewkteh gurstehreen

Just a minute. Let me check it in the dictionary.
Bir dakika. Sözlüğe bakayım.
beer dahkeehkah. surzlewreh bahkahyım

Some languages:

French	Fransızca	frahnsızjah
Italian	İtalyanca	eetahlyahnjah
Spanish	İspanyolca	eespahnyoljah
Arabic	Arapça	ahrahpchah
Persian	Farsça	fahrschah

Requests -Ricalar

- May I have your lighter, please?
- Lütfen, çakmağınızı rica edebilir miyim?
lewtfehn chahkmahrınızı reecah ehdehbeeleer meeyeem

- Can you help me, please?
- Lütfen bana yardım edebilir misiniz?
lewtfehn bahnah yahrdım ehdehbeeleer meeseeneez

- Can you please bring my suitcase here?
Bavulumu buraya getirebilir misiniz?
bahvooloomoo boorahyah gehteerehbeeleer meeseeneez

- Can you tell me where the station is, please?
- Lütfen bana istasyonu tarif edebilir misiniz?
lewtfehn bahnah eestahsyonoo tahreef ehdehbeeleer meeseeneez

- A pack of cigarettes, please.
Bir paket sigara, lütfen.
beer pahkeht seegahrah lewtfehn.

- A newspaper, please.
Bir gazete, lütfen.
beer gahzehteh lewtfehn.

- I want to eat something.
- Birşeyler yemek istiyorum.
beershaylehr yehmehk eesteeyoroom

- **I want to go to the hotel.**
Otele gitmek istiyorum.
otehleh geetmehk eesteeyoroom

Phrases for wishing good luck, etc.

Good luck!	İyi şanslar!	eeyee shahnslahr
I wish you every success	Size başarılar dilerim	seezeh bahshahrılahr deelehreem
Good night!	İyi geceler!	eeyee gehjehlehr
Have a nice holiday!	İyi tatiller!	eeyee tahteellehr
Have a nice trip!	İyi yolculuklar!	eeyee yolcoolooklahr
Happy new year!	Mutlu yıllar!	mootloo yıllahr
	Yeni yılınız kutlu olsun!	yehnee yılınız kootloo olsoon
Have a happy bayram!	Bayramınız kutlu olsun!	bahyrahmınız kootloo olsoon
Happy birthday!	Doğum gününüz kutlu olsun	doroom gewnewnewz kootloo olsoon
Congratulations!	Tebrikler!	tehbreeklehr

Expressing Regret

- **I'm really worried about your illness.**
- Hastalığınıza çok üzüldüm.
hahstahlırınızah chok ewzewldewm

- **I hope you'll get better soon.**
- Geçmiş olsun.
gehchmeesh olsoon

- **I feel sorry for your father's death.**
- Babanızın ölümüne çok üzüldüm.
bahbahnızın urlewmewneh chok ewzewldewm

Expressing Apologies

- **Excuse me! or I beg your pardon!**
- Affedersiniz!
ahfehdehrseeneez

- **That's all right. It's not important.**
- Rica ederim. Önemli değil.
reecah ehdehreem. urnehmlee dereel

- **I apologize!/I'm sorry.**
- Özür dilerim!
urzewr deelehreem

- **That's all right. Don't worry.**
- Bir şey değil. Üzülmeyin.
beer shay dehreel ewzewlmayeen

Days of the Week - Haftanın Günleri

Monday	Pazartesi	pahzahrtehsee
Tuesday	Salı	sahlı
Wednesday	Çarşamba	chahrshahmbah
Thursday	Perşembe	pehrshehmbeh
Friday	Cuma	joomah
Saturday	Cumartesi	joomahrtehsee
Sunday	Pazar	pahzahr

Months - Aylar

January	Ocak	ojahk
February	Şubat	shoobaht
March	Mart	mahrt
April	Nisan	neesahn
May	Mayıs	mighıs
June	Haziran	hahzeerahn
July	Temmuz	tehmmooz
August	Ağustos	aroostos
September	Eylül	aylewl
October	Ekim	ehkeem
November	Kasım	kahsım
December	Aralık	ahrahlık

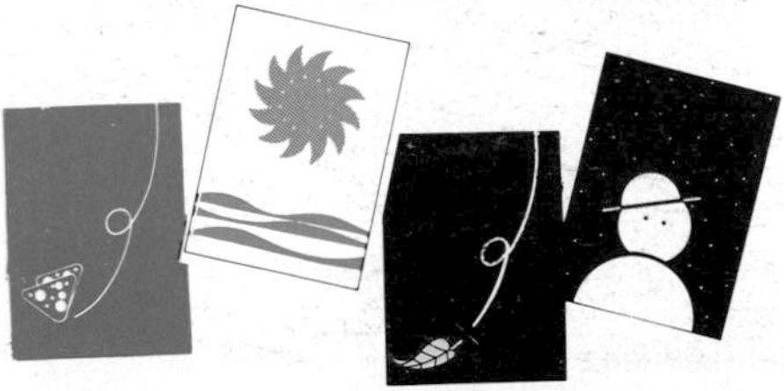

Seasons - Mevsimler -

Spring	İlkbahar	eelkbahhahr
Summer	Yaz	yahz
Fall/Autumn	Sonbahar	sonbahhahr
Winter	Kış	kısh

Holidays - Tatiller

- January 1, New Year's Day
- 1 Ocak, Yılbaşı
beer ojahk, yılbahshı

- April 23 National Sovereignty and Children's Day
- 23 Nisan Ulusal Egemenlik ve Çocuk Bayramı
yeermeeewch neesahn ooloosahl ehgehmehnleek veh chojook bighrahmı

(The Turkish Grand National Assembly was established on April 23, 1920. Atatürk dedicated this national holiday to children. On this day children from all over the world come to Turkey to commemorate this day.)

- May 19 Atatürk's Commemoration, Youth and Sports Day
- 19 Mayıs Atatürk'ü Anma Gençlik ve Spor Bayramı
ondokooz mighıs ahtahtewrkew ahnmah gehnchleek veh spor bighrahmı
(Atatürk started the war of independence in Samsun on May 19, 1919. Atatürk dedicated this day to youth.)

- August 30 Victory Day.
- 30 Ağustos Zafer Bayramı
otooz aroostos zahfehr bighrahmı

- October 29 Republic Day.
- 29 Ekim Cumhuriyet Bayramı
yeermeedokooz ehkeem coomhooreeyeht bighrahmı

Religious Festivals - Dini Bayramlar

- Ramadan Festival
- Ramazan Bayramı
rahmahzahn bighrahmı
Ramadan is the 9th month of the Muslim year, during which no food and drink may be taken between sunrise and sunset. This is called fasting (oruç orooch), Ramadan is a religious festival for three days after a month's fasting. This holiday is also called "The Festival"of Sweets /"Şeker Bayramı"/shehkehr bighrahmı/by the public.

- Festival of Sacrifice
- Kurban Bayramı
koorbahn bighrahmı
(Kurban Bayramı comes about 70 days after the Ramadan festival and continues for four days. During Kurban Bayramı sheep or cattle are slaughtered according to the rules of Islam and the meat is distributed to the poor.)
(During official and religious holidays all public offices and schools are closed all over Turkey.)

Numbers - Sayılar

0	sıfır	suhfuhr
1	bir	beer
2	iki	eekee
3	üç	ewch
4	dört	durt
5	beş	behsh
6	altı	ahltı
7	yedi	yehdee
8	sekiz	sehkeez
9	dokuz	dokooz
10	on	on
11	on bir	onbeer
12	on iki	on eekee
13	on üç	on ewch
14	on dört	on durrt
15	on beş	on behsh
16	on altı	on ahltı
17	on yedi	on yehdee
18	on sekiz	on sehkeez
19	on dokuz	on dokooz
20	yirmi	yeermee
21	yirmi bir	yeermee beer
30	otuz	otooz
40	kırk	kırk
50	elli	ehllee
60	altmış	ahltmısh
70	yetmiş	yehtmeesh
80	seksen	sehksehn
90	doksan	doksahn
100	yüz	yewz
200	iki yüz	eekee yewz
300	üç yüz	ewch yewz
400	dört yüz	durrt yewz
500	beş yüz	behsh yewz
600	altı yüz	ahltı yewz
1.000	bin	been
1.200	bin iki yüz	been eekee yewz
2.000	iki bin	eekee been
3.000	üç bin	ewch been
10.000	on bin	on been
100.000	yüz bin	yewz been
1.000.000	bir milyon	beer meelyon
1.000.000.000	bir milyar	beer meelyahr

1. (first)	birinci	beereenjee
2. (second)	ikinci	eekeenjee
3. (third)	üçüncü	ewchewnjew
4. (fourth)	dördüncü	durrdewnjew
5. (fifth)	beşinci	behsheenjee
6. (sixth)	altıncı	ahltınjı
7. (seventh)	yedinci	yehdeenjee
8. (eighth)	sekizinci	sehkeezeenjee
9. (ninth)	dokuzuncu	dokoozoonjoo
10. (tenth)	onuncu	onoonjoo

Telling Time Dialogue

- What time is it?
- Saat kaç?
sahaht kahch

- It's nine o'clock.
- Saat dokuz.
sahaht dokooz

- It's nine-thirty.
- Dokuz-buçuk.
dokooz boochook

- It's a quarter after 9.
- Dokuzu çeyrek geçiyor.
dokoozoo chayrehk gyehcheeyor

- It's twenty to eight.
- Sekize yirmi var.
sehkeezeh yeermee vahr

- It's twenty past eight.
- Sekizi yirmi geçiyor.
sehkeezee yeermee gyehcheeyor

Dialogue

- **What time is the bus leaving?**
- Otobüs ne zaman hareket ediyor?
otübews neh zahmahn hahrehkeht ehdeeyor

- **At eleven o'clock.**
- Saat on bir'de.
sahaht onbeerdeh

- **At 10 to 11.**
- Onbire on kala.
onbeereh on kahlah

- **At 10 after 11.**
- Onbiri on geçe.
onbeeree on gʸehcheh

- **At a quarter to eleven.**
- Onbire çeyrek kala.
onbeereh chayrehk kahlah

- At a quarter after eleven.
- onbiri çeyrek geçe.
onbeeree chayrehk g^{y}ehcheh

Some more phrases about hours:

Half an hour from now	Yarım saat sonra	yahrım sahaht sonrah
Two hours ago	iki saat önce	eekee sahaht urnjeh
From four to five	Dörtten beşe kadar	durrttehn behsheh kahdahr
At three p.m.	Öğleden sonra saat üçte	urrlehdehn sonrah sahaht ewchteh
In two hours	İki saat içinde	eekee sahaht eecheendeh
At three a.m.	Sabahleyin saat üçte	sahbahhlayeen sahaht ewchteh
At 12 noon	öğleyin saat onikide	urrlehyeen sahaht oneekeedeh
At 6:30 p.m. 18:30	Akşam saat onsekiz otuzda	ahkshahm sahaht onsehkeez otoozdah
At 11:30 p.m.	Gece saat onbir otuzda	g^{y}ehjeh sahaht onbeer otoozdah

Time Phrases:

yesterday	dün	dewn
today	bugün	boogewn
tomorrow	yarın	yahrın
the day before	evvelki gün	ehvvehlkee g^{y}ewn
the day after	ertesi gün	ehrtehsee g^{y}ewn
this morning	bu sabah	boo sahbahh
tomorrow evening	yarın akşam	yahrın ahkshahm
every day	her gün	hehr g^{y}ewn
every week	her hafta	hehr hahftah
every month	her ay	hehr igh
every year	her yıl	hehr yıl
always	her zaman	hehr zahmahn
the other day	geçen gün	g^{y}echehn g^{y}ewn
last week	geçen hafta	g^{y}echehn hahftah
last month	geçen ay	g^{y}echehn igh
last year	geçen yıl	g^{y}echehn yıl
next week	gelecek hafta	g^{y}ehlehjehk hahftah
next month	gelecek ay	g^{y}ehlehjehk igh
next year	gelecek yıl	g^{y}ehlehjehk yıl

ten
on
on

one-fifteen
biri çeyrek geçiyor.
beeree chayrehk
gehcheeyor

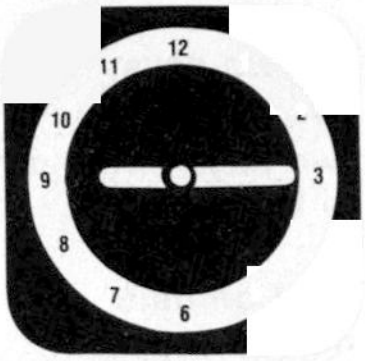

nine-fifteen
dokuzu çeyrek geçiyor.
dokoozoo chayrehk
gehcheeyor

half-past ten
on buçuk
on boochook

three-twenty five
üçü yirmibeş geçiyor
ewchew yeermeebehsh
gehcheeyor

a quarter to six
altıya çeyrek var
ahltıyah cheyrehk vahr

five past eleven
onbiri beş geçiyor
onbeeree behsh
gehcheeyor

twelve thirty
oniki buçuk/yarım
oneekee boochook/
yahrım

twenty to eight
sekize yirmi var
sehkeezeh yeermee
vahr

twelve
oniki
oneekee

ten to eight
sekize on var
sehkeezeh on vahr

half-past two
iki buçuk
eekee boochook

for two days	iki günden beri	eekee g^{y}ewndehn behree
two days ago	iki gün önce	eekee g^{y}ewn urnjeh
two days from now	iki gün sonra	eekee g^{y}ewn sonrah
in two days	iki güne kadar	eekee g^{y}ewneh kahdahr
right on time	tam zamanında	tahm zahmahnındah
now	şimdi	sheemdee
sometimes	bazan	bahzahn
soon	yakında	yahkındah
in the past	eskiden	ehskeedehn

Asking and answering about date, birthday and age;
Dialogue

- What is the date today?
- Bugün ayın kaçı?
boog^{y}ewn ighın kahchı

- It's the fourteenth today.
- Bugün ayın ondördü.
boog^{y}ewn ighin ondurrdew

- What's the date tomorrow?
- Yarın ayın kaçı?
yahrın ighın kahchı

- It's the fifteenth of April tomorrow.
- Yarın Nisanın onbeşi.
yahrın neesahnın onbehchee

- How old are you?
- Kaç yaşındasınız?
kahch yahshındahsınız

- I'm twenty-three years old.
- yirmi üç yaşındayım.
yeermee ewch yahshındahyım

- When were you born?
- Doğum tarihiniz nedir?
doroom tahreeheeneez nehder

- On September 21, 1962.
- Yirmi bir Eylül bindokuzyüz altmış iki.
yeermee beer aylewl beendokoozyewz ahltmısh eekee

No Admission Under 18!
Onsekiz yaşından küçükler giremez!
onsehkeez yahshındahn kewchewklehr geerehmehz

Children Under 7 Are Not Allowed To Ride!
Yedi yaşından küçükler binemez!
yehdee yahshındahn kewchewklehr beenehmehz

CLIMATE IN TURKEY

The Southern part of Turkey, the Mediterranean coast, is the warmest region of Turkey. Even in March and April the Mediterranean Sea is suitable for swimming. The Aegean Sea coast has a temperate climate. All regions except the Black Sea coast are quite hot during July and August. Only the Black Sea coast is comparatively cooler than the other regions. Visitors who are not fond of warm climate may prefer the Black Sea region as a summer resort. The sea temperatures range between 19 and 26 degrees Celsius starting from April till the end of September.

The Black Sea	:	22 C°
The Aegean Sea	:	22 C°
The Bosphorus	:	21 C°
The Mediterrenean Sea	:	26 C°
Northern Cyprus	:	27 C°

Weather Conditions - Hava Durumu
Dialogue 

- **How is the weather today?**
- Bugün hava nasıl?
boogyewn hahvah nahsıl

- **It's nice today.**
- Bugün hava güzel.
  boogyewn hahvah gyewzehl

- **How will the weather be tomorrow?**
- Yarın hava nasıl olacak?
  yahrın hahvah nahsıl olahjahk

- **It will be rainy tomorrow.**
- Yarın hava yağışlı olacak.
  yahrın hahvah yarıshlı olahjahk

- **How will the weather be during the week?**
- Hafta içinde hava nasıl olacak?
  sorook hahvah dahlgahsı gyehleeyor

- **What are the conditions on roads?**
- Yolların durumu nasıl?
  yollahrın dooroomoo nahsıl

- Some roads are open to traffic and some are closed.
- Bazı yollar trafiğe açık bazıları kapalı.
bahzı yollahr trahfeereh ahjık bahzılahrı kahpahlı

- Is the road to Istanbul open?
İstanbul yolu açık mı?
eestahnbool yoloo ahjık mı

- No, it's closed because of snow.
- Hayır, kar yüzünden kapalı.
hahyır kahr yewzewendehn kahpahlı

- What is the temperature today?
- Bugün hava kaç derece?
boogʸhahvah kahch derehjeh

- It's 12 degrees Celsius today.
- Bugün hava oniki derece Celsius.
boogʸewn hahvah oneekee dehrehjeh sehlseeyoos

Other Expressions

- It's hailing.
- Dolu yağıyor.
doloo yarıyor

- Snow chains for cars are necessary.
- Kar zincirleri gerekli.
kahr zeenjeerlehree gehrehklee

- The roads are icy.
- Yollar buz tutmuş.
yollahr booz tootmoosh

- It's going to rain.
- Yağmur yağacak.
yarmoor yarahjahk

Vocabulary Items

barometer	barometre	bahromehtreh
climate	iklim	eekleem
cloudy	bulutlu	boolootloo

cold	soğuk	sorook
faggy	sisli	seeslee
frost	don	don
hot	sıcak	sıjahk
ice	buz	booz
lightning	şimşek	sheemshehk
rainy	yağmurlu	yarmoorloo
showers	sağanak	sarahnahk
snowy	kar yağışlı	kahr yarışlı
stormy	fırtınalı	fırtınahlı
sunny	güneşli	gewneshslee
temperature	ısı	ısı
thunder	gök gürültüsü	gewrewlewsew
thunderbolt	yıldırım	yıldırım
weather forecast	hava tahmini	hahvah tahmeenee
weather report	hava raporu	hahvah rahporoo
windy	rüzgarlı	rewgyahrlı

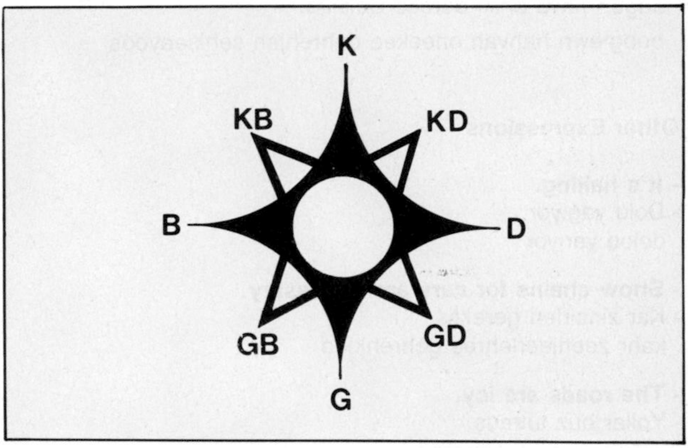

Geographic Directions

north	kuzey	koozay
south	güney	gewnay
east	doğu	doroo
west	batı	bahtı
north-east	kuzey-doğu	koozaay-doroo
north-west	kuzey-batı	koozaay-bahtı
south-east	güney-doğu	gewnay-doroo
south-west	güney-batı	gewnay-bahtı

CUSTOMS CONTROL

After you get off the plane, you enter the customs control. Items like televisions, radios and tape recorders are subject to customs duty in Turkey. So, if you have any customable goods, you have to go through the red door where you have to declare your customable goods and let the customs officer register your goods in your passport. If you do not declare your customable goods as you enter, you will not be able to take them back to your country when you return. If you do not have any customable goods, you can go through the green door.

At the Border - Sınırda
Dialogue

- **Your passport, please!**
- Pasaportunuz, lütfen!
pahsahportoonooz lewtfehn

- **Here is my passport.**
- Buyrun pasaportum.
booyroon pahsahportoom

- **Do you have a visa?**
- Vizeniz var mı?
veezehneez vahr mı

- **Yes, I do.**
- Evet, var.
ehveht vahr.

- **What did you come to Turkey for?**
- Türkiye'ye niçin geldiniz?
tewrkeeyehyeh neecheen gehldeeneez

- **To spend my vacation here.**
- Tatilimi burada geçirmek için.
tahteeleemee boorahdah gehcheermehk eecheen

Some more expressions:

I don't have a visa.
Vizem yok.
veezehm yok

Can I get my visa here?
Vizemi buradan alabilir miyim?
veezehmee boorahdahn ahlahbeeleer meeyeem

May I telephone our consulate?
Konsolosluğumuza telefon edebilir miyim?
konsoloslooroomooza tehlehfon ehdehbeeleer meeyeem

I came here to work.
Buraya çalışmak için geldim.
boorahyah chahlısmahk eecheen gehldeem

I'm a transit passanger.
Transit yolcuyum.
trahnseet yoljooyoom

I will stay here for one day.
Burada bir gün kalacağım.
boorahdah beer gewn kahlahjarım

My children are registered in my passport.
Çocuklarım benim pasaportuma kayıtlı.
chojooklahrım behneem pahsahportoomah kahyıtlı

My wife and I have the same passport.
Eşim ve ben aynı pasaporta sahibiz.
ehsheem veh behn ighnı pahsahportah sahheebeez

I'm included in the Wilsons' group.
Wilsonların grubuna (kafilesine) dahilim.
weelsonlahrın grooboonah (kahfeelehseeneh) dahheeleem

At the Customs - Gümrükte
Dialogue

- **Do you have anything to declare?**
- Gümrüğe tabi eşyanız var mı?
gewmrewreh tahbee ehshyahnız vahr mı

- **No, I don't have anything to declare.**
- Hayır, gümrüğe tabi eşyam yok.
hahyır gewmrewreh tahbee ehshyahm yok

- **This TV set is subject to customs duty.**
- Bu televizyon gümrüğe tabi
boo tehlehveezyohn gewmrewreh tahbee.

- **How much duty do I have to pay?**
- Ne kadar vergi ödemem gerek?
neh kahdahr vehrgee urdehmehm gehrehk

- **250 DM. Could you open your suitcase, please?**
- ikiyüzelli mark. Bavulunuzu açın lütfen!
eekeeyewzehlleh mahrk, bahvooloonoozoo ahchın lewtfehn

- **I have only some souvenirs here.**
- Burada sadece hediyelik eşya var.
boorahdah sahdehjeh hehdeeyehleek ehshyah vahr

- **Okay. Go on.**
- Peki. Geçin.
pehkee. gehcheen

More Sentences Related to the Customs:

Is there any customs duty on this?
Bunun gümrüğü var mı?
boonoon gewmrewrew vahr mı

I have a box of cigarettes.
Bir karton sigaram var.
beer kahrton seegahrahm vahr

I have a bottle of whiskey.
Bir şişe viskim var.
beer sheesheh veeskeem vahr

Vocabulary

customs	gümrük	gewmrewk
customs control	gümrük kontrolü	gewmrewk kontrolew

customs department	gümrük dairesi	gewmrewk daheerehsee
customs officer	gümrük memuru	gewmrewk mehmooroo
customs duty	gümrük vergisi	gewmrewk vehrgeesee
customs declaration form	gümrük beyannamesi	gewmrewk behyahnnahmehsee

FOREIGN EXCHANGE

At airports there are branches of some banks where it is possible to exchange. The banks run 24-hour service. You can pay your hotel bills in foreign currency if you wish to do so.

Exchange - Para Bozdurma
Dialogue

- **Where can I exchange some money?**
- Nerede para bozdurabilirim?
  nehrehdeh pahrah bozdoorahbeeleereem

- **There is an exchange office here.**
- Burada bir kambiyo var.
  boorahrah beer kahmbeeyo vahr

- **What are you going to exchange?**
- Ne bozduracaksınız?
  neh bozdoorahjahksınız

- **I want to exchange some German Marks.**
  Mark bozdurmak istiyorum.
  mahrk bozdoormahk eesteeyoroom

- **How many German marks do you want to exchange?**
- Kaç mark bozdurmak istiyorsunuz?
  kahch mahrk bozdoorahk eesteeyorsoonooz

- **1000 DM. What is the exchange rate today?**
  Bin mark. Bugünkü kur ne?
  been mahrk. boogewnkew koor neh

- 1000 DM is .... Turkish lira.
- Bin mark .... Türk lirasıdır.
been mahrk .... tewrk leerahsıdır

- May I exchange my traveler's checks here?
- Seyahat çeklerimi burada bozdurabilir miyim?
sayahhaht chechlehreemee boorahdah bozdoorahbeeleer meeyeem

- Yes.
- Evet
ehveht

More Sentences:

May I see your passport ?
Pasaportunuzu görebilir miyim?
pahsahportoonoozoo gewrehbeeleer meeyeem

Could you sign here, please?
Lütfen şurayı imzalayabilir misiniz?
lewtfehn shoorahyı eemzahlıyahbeeleer meeseeneez

Vocabulary:

$ dollar	dolar	dolahr
DM	mark	mahrk
franc	frank	frahnk
shilling	şilin	sheeleen
sterling	sterlin	stehrleen
bill, bank-note	kağıt para, banknot	karıt pahrah, bahnknot
change	bozuk para	bozook haprah
foreign currency	döviz	durveez
pay	ödemek	urdehmehk
cashier's	vezne	vehzneh

LUGGAGE AND PORTERS

At airports, railway and bus stations it is possible to hire porters. They will help you to carry your luggage. The charge to be paid to porters changes according to the amount of luggage you have, but the charge is not very high.

Luggage/Baggage Transportation - Bagaj Taşıtma
Dialogue

- Can I carry your suitcases?
- Bavullarınızı taşıyabilir miyim?
bahvoollahrınızı tahshıyahbeeleer meeyeem

- Yes. Please take them to the taxi.
- Evet. Lütfen bavulları taksiye götürün.
ehveht. lewtfehn bahvoollahrı tahkseeyeh gurtewrewn

- Can I take your bags, too?
- Valizlerinizi de alabilir miyim?
vahleezlehreeneezee deh ahlahbeeleer meeyeem

- Please take them, too.
- Lütfen onları da alın.
lewtfehn onlahrı dah ahlın

- How much shall I pay?
- Ne kadar ödeyeceğim?
neh kahdahr ewdayehjereem

- 1000 lira.
- Bin lira.
been leerah

More Expressions:

Take these bags to the bus / the train!
Bu çantaları otobüse / trene götürün!
boo chahntahlahrı otobewseh / trehneh gewtewrewn

Hey, Porter!
Hey, Hamal!
hay hahmahl

Take these bags to the exit!
Bu çantaları çıkışa götürün!
boo chahntahlahrı chıkıshah gewtewrewn

This is my bag.
Bu benim çantam.
boo behneem chahntahm

This is my suitcase.
Bu benim bavulum.
boo behneem bahvooloom

TAXI AND DOLMUŞ SERVICES

In Turkey, there are taxi stations run locally. You can call a taxi from these local stations. If you just wave at free taxis in the street, they will take you to the place you want to go. Almost all taxis are equipped with taximeters. The taxi fare is paid according to the amount shown on the taximeter. You can tip the driver if you wish to do so. The "DOLMUŞ" (a taxi in which passengers going to the same place share the fare) is another form of transportation in most of the cities and towns and is comparatively cheaper than the taxi. The Dolmuş follows the main road, so it will usually take you near the place you wish to go.

Entering the City - Şehre Giriş
Dialogue

- **How can I go to the city center?!**
- Şehir merkezine nasıl gidebilirim?
shehheer mehrkehzeeneh nahsıl geedehbeeleereem

- **By bus.**
Otobüsle.
otobewsleh

- **Can I go there by taxi?**
Taksiyle gidebilir miyim?
tahkseeyleh geedehbeeleer meeyeem

- **Yes. There is a taxi station down there.**
- Evet. Şurada aşağıda bir taksi durağı var.
ehveht. shoorahdah ahsharıdah beer tahksee doorarı vahr

More Sentences:

I would like to go to this address.
Bu adrese gitmek istiyorum.
boo ahdrehseh geetmehk eesteeyoroom

I would like to go to the Kent Hotel.
Kent Otel'e gitmek istiyorum.
kehnt otehleh geetmehk eesteeyoroom

I would like to go to Maltepe.
Maltepe'ye gitmek istiyorum.
mahltehpehyeh geetmehk eesteeyoroom

I would like to go to the train station.
Tren istasyonuna gitmek istiyorum.
trehn eestahsyonoonah geetmehk eesteeyoroom

AT THE HOTEL, MOTEL OR PENSION

In touristic places in Turkey, there is a variety of good hotels, motels and pensions. Pensions are cheaper than hotels. They have a sort of family atmosphere. You can use a common kitchen to cook your meals. It is possible to find cheap or expensive hotels according to your budget. Big hotels organize various kinds of sightseeing tours by bus or by boat to introduce the touristic or historical places to the tourists.

When you arrive at a hotel, you have to fill in a registration form. You fill in your name, address and your passport number. Occasionally your passport may be kept by the receptionist for a day and returned the next day.

In Turkey hotels provide either full-board accomodation or bed and breakfast only. During excursions, some hotels have catering services to prepare provisions.

Electricity in Turkey is 220 volts. The plugs are not suitable for triple jack plugs; they are all double.

Accommodation - Kalacak Yer
Dialogue

- **Can you recommend a good hotel?**
- Bana iyi bir otel tavsiye edebilir misiniz?
  bahnah eeyee beer otehl tahvseeyeh ehdehbeeleer meeseeneez

- Where would you like it to be?
- Nerede olsun?
nehrehdeh olsoon

- In the city center.
- Şehir merkezinde.
shehheer mehrkehzeendeh.

- Would you like to stay in a pension?
- Pansiyonda kalmak ister misiniz?
pahseeyondah kahlmahk eesthr meeseeneez

- No. I prefer to stay in a hotel.
- Hayır. Otelde kalmayı tercih ederim.
hahyır. otehldeh kahlmahyı tehrceeh ehdehreem

More Expressions:

I'm looking for a cheap hotel.
Ucuz bir otel arıyorum.
oojooz beer otehl ahrıyoroom

Can I find a good pension around?
Buralarda iyi bir pansiyon bulabilir miyim?
boorahlahrdah eeyee beer pahnseeyon boolahbeeleer meeyeem

I want to stay in a quiet hotel.
Sessiz bir otelde kalmak istiyorum.
sehsseez beer otehldeh kahlmahk eesteeyoroom

I'm looking for a seaside hotel.
Deniz kenarında bir otel arıyorum.
dehneez kehnahrındah beer otehlahrıyoroom

I'd like to stay in a flat.
Bir apartman dairesinde kalmak istiyorum.
beer ahpahrtmahn daheerehseendeh kahlmahk eesteeyoroom

Can you recommend a camping place?
Bana bir kamp yeri tavsiye edebilir misiniz?
bahnah ber kahmp yehree tahvseeyeh ehdehbeeleer meeseenez

Can you recommend a good motel?
Bana iyi bir motel tavsiye edebilir misiniz?
bahnah eeyee beer motehl tahvseeyeh ehdehbeeleer meeseeneez

Where is the Kent Hotel?
Kent Otel nerede?
kehnt otehl nehrehdeh?

Is it far from here?
Buraya uzak mı?
boorahyah oozahk mı

How can I go there?
Oraya nasıl gidebilirim?
orahyah nahsıl geedehbeeleereem

At the Hotel - Otelde
Dialogue

- **Do you have any vacant rooms?**
- Boş bir odanız var mı?
  bosh beer odahnız vahr mı

- **Yes, we have, What kind of a room would you like?**
- Evet, var. Nasıl bir oda istiyorsunuz?
  ehveht vahr. nahsıl beer odah eesteeyorsoonooz

- **A single room.**
  Tek kişilik bir oda.
  tehk keesheeleek beer odah

- **We don't have any single rooms, but we have a double room.**
  Tek kişilik odamız yok, ama çift kişilik odamız var.
  tehk keesheeleek odahmız yok ahmah cheeft keesheeleek odahmız vahr

- **How much is the rate for a night?**
- Odanın geceliği ne kadar?
  odahnın gehjehleeree neh kahdahr

- **10 thousand Turkish lira.**
- Onbin lira.
  onbeen leerah

- **Does that include breakfast?**
- Bu fiyata kahvaltı dahil mi?
  boo feeyahtah kahvahltı dahheel mee

- **Yes, it does.**
- Evet, dahil.
  ehveht dahheel

- **Can I see the room?**
- Odayı görebilir miyim?
  odahyı gurrehbeeleer meeyeem

- **Certainly. Follow me, please.**
- Elbette. Lütfen beni takip edin.
  ehlbehtteh. lewtfehn behnee tahkeep ehdeen.

- **It is a nice room. I'll stay here.**
- Güzel bir oda. Burada kalacağım.
  gewzehl beer odah. boorahdah kahlahjarım

- **How long will you stay?**
- Ne kadar kalacaksınız?
  neh kahdahr kahlahjahksınız

- For a week.
- Bir hafta.
beer hahftah

Other Statements

I'd like a single room.
Tek kişilik bir oda istiyorum.
tehk keesheeleek beer odah eesteeyoroom

I'd like a double room.
İki/çift kişilik bir oda istiyorum.
eekee/cheeft keesheeleek beer odah eesteeyoroom

I'd like a quiet room.
Sakin bir oda istiyorum.
sahkeen beer odah eesteeyoroom

I'd like a room with a bath.
Banyolu bir oda istiyorum.
bahnyoloo beer odah eesteeyoroom

I'd like a room with a shower.
Duşlu bir oda istiyorum.
dooshloo beer odah eesteeyoroom

I'd like a room with a balcony.
Balkonlu bir oda istiyorum.
bahlkonloo beer odah eesteeyoroom

I'd like a room with sea-view.
Deniz manzaralı bir oda istiyorum.
dehneez mahnzahrahlı beer odah eesteeyoroom

I'd like a room at the front.
Ön tarafta bir oda istiyorum.
urn tahrahftah beer odah eesteeyoroom

I'd like a room at the back.
Arka tarafta bir oda istiyorum.
ahrkah tahrahftah beer odah eesteeyoroom

Is breakfast included?
Kahvaltı dahil mi?
kahhvahltı dahheel mee

Are lunch and dinner included?
Öğle ve akşam yemekleri dahil mi?
urrleh ve ahkshahm yehmehklehree dahheel mee

Is the service charge included?
Servis dahil mi?
sehrvees dahheel mee

Is there a reduction for children?
Çocuklar için bir indirim var mı?
chojooklahr eecheen beer eendeereem vahr mı

Do you charge anything for babies?
Bebekler için ücret alıyor musunuz?
behbehklehr eecheen ewjreht ahlıyor moosoonooz

How much down payment do we have to make?
Ne kadar kapora vermemiz gerekiyor?
neh kahdahr kahporah vehmehmeez gehrehkeeyor

I'll stay for one night only.
Sadece bir gece kalacağım.
sahdehjeh beer gehjeh kahlahjarım

I'll stay for a few days.
Birkaç gün kalacağım.
beerkahch gewn kahlahjarım

I don't know how long I will stay yet.
Henüz ne kadar kalacağımı bilmiyorum.
hehnewz neh kahdahr lahlahjarımı beelmeeyoroom

Can you fill in the registration form?
Kayıt formunu doldurur musunuz?
kighıt formoonoo doldooroor moosoonooz

Can I see your passport or your ID?
Pasaportunuzu veya hüviyetinizi görebilir miyim?
pahsahportoonoozoo vehyah hewveeyehteeneezee gurrehbeeleer meeyeem

What's my room number?
Oda numaram kaç?
odah noomahrahm kahch

Please send my luggage to my room.
Bavulları odama gönderin lütfen.
bahvoollahrı odahmah gurndehreen lewtfehn

Can you send someone to get my luggage from the train station?
İstasyondan eşyalarımı almak için birini gönderebilir misiniz?
eestahsyondahn ehshyahlahrımı ahlmahk eecheen beereenee gurndehrehbeeleer meeseeneez

Can you send someone to get my luggage from the check room (left luggage).
Eşyalarımı emanetten alacak birini gönderebilir misiniz?
ehshyahlahrımı ehmahnehttehn ahlahjahk beereenee gurndehrehbeeleer meeseeneez

Can I leave my valuables for safe-keeping?
Kıymetli eşyalarımı kasanıza bırakabilir miyim?
kıymehtlee ehshyahlahrımı kahsahnızah bırahkahbeeleer meeyeem

Breakfast at the Hotel - Otelde Kahvaltı
Dialogue

- **Where can I have breakfast?**
- Nerede kahvaltı yapabilirim?
  nehrehdeh kahhvahltı yahpahbeeleereem

- **On the first floor downstairs.**
- Aşağıda birinci katta.
  ahsharıdah beereenjee kahttah

- **Can I have breakfast in my room?**
- Kahvaltıyı odamda yapabilir miyim?
  kahhhvahltıyı odahmdah yahpahbeeleer meeyeem

- **Certainly, we can send it to your room.**
- Elbette, odanıza gönderebiliriz.
  ehlbehtteh odahnızah gurndehrehbeeleereez

Some More Expressions

I'd like to have my breakfast at 7:30
Kahvaltıyı yedi buçukta yapmak istiyorum.
kahhhvahltıyı yehdee boochooktah yahpmahk eeseeyoroom

I'd like to have tea at breakfast.
Kahvaltıda çay istiyorum.
kahhhvahtıdah chigh eesteeyoroom

Can you bring me a fork?
Bana bir çatal getirebilir misiniz?
bahnah beer chahtahl gehteerehbeeleer meeseeneez

More Words about Breakfast

bread	ekmek	ehkmehk
butter	tereyağı	tehrehyarı
cheese	peynir	payneer
coffee	kahve	kahhhveh
coffee with milk	sütlü kahve	sewtlew kahhveh
fork	çatal	chahtahl

fried egg	sahanda yumurta	sahhhahndah yoomoortah
fruit juice	meyva suyu	meyvah sooyoo
glass	bardak	bahahtakl
hard-boiled egg	katı yumurta	kahtı yoomortah
honey	bal	bahll
milk	süt	sewt
napkin	peçete	pehchehteh
olive	zeytin	zayteen
plate	tabak	tahbahk
bread ring with sesame	simit	seemeet
soft-boiled egg	rafadan yumurta	rahfahdahn yoomortah
spoon	kaşık	kahshık
tea with milk	sütlü çay	sewtlew chigh
yogurt	yoğurt	yoroort
toast	kızarmış ekmek	Kızahrmısh ehkmehk

Conversation at the Reception Desk

- Has anybody looked for me?
- Beni kimse aradı mı?
behnee keemseh ahrahdı mı

- Is there any mail for me?
- Bana mektup var mı?
bahnah mehktoop vahr mı

- Where can I make a call?
- Nereden telefon edebilirim?
nehrehdehn tehlehfon ehdehbeeleereem

- I'm waiting for a telephone call from England.
İngiltere'den telefon bekliyorum.
eengeeltehredehn tehlehfon behkleeyoroom

- Can you post this letter?
- Bu mektubu postalayabilir misiniz?
bo mehktooboo postahlahyahbeeleer meeseeneez

- I'd like to send a telegram.
- Bir telgraf çekmek istiyorum.
beer tehlgrahf chehkmehk eesteeyoroom

- **Do you have post cards?**
- Sizde kartpostal bulunur mu?
  seezdeh kahrtpostahl booloonoor moo

- **Can I find an English newspaper here?**
- Buralarda İngilizce gazete bulabilir miyim?
  boorahlahrdah eengeeleezceh gahzehteh boolahbeeleer meeyeem

- **Please, wake me up at 7 tomorrow morning.**
- Lütfen beni yarın sabah saat yedide uyandırın.
  lewtfehn behnee yahrın sahbahhh sahaht yehdeedeh ooyahndırın

Room Service - Oda Servisi
Dialogue

- **Who is it?**
- Kim o?
  keem o

- **Can I clean up your room?**
- Odanızı temizleyebilir miyim?
  odahnızı tehmeezlehyayehbeeleer meeyeem

- **Please wait for 5-10 minutes.**
- Lütfen beş-on dakika bekleyiniz.
  lewtfehn besh-on dahkeekah behklayeeneez

More Expressions about Room Service

Can you bring me a towel please?
Lütfen, bana bir havlu getirir misiniz?
lewtfehn bahnah beer hhahvloo gehteereer meeseeneez

Can you bring me an ashtray please?
Lütfen bana bir kül tablası getirir misiniz?
lewtfehn bahnah beer kewl tahblahsı gehteereer meeseeneez

Can you bring me a pillow please?
Lütfen bana bir yastık getirebilir misiniz?
lewtfehn bahnah beer yahstık gehteerehbeeleer meeseeneez

Can you bring me a bar of soap please?
Lütfen bana bir sabun getirir misiniz?
lewtfehn bahnah beer sahboon gehteereer meeseeneez

Can you bring me a blanket please?!
Lütfen bana bir battaniye getirir misiniz?
lewtfehn bahnah beer bahttahneeyeh gehteereer meesseeneez

Can you bring me a quilt please?
Lütfen bana bir yorgan getirir misiniz?
lewtfehn bahnah beer yorgahn gehteereer meeseeneez

How does this lift/elevator work?
Bu asansör nasıl çalışır?
boo ahsahnsur nahsıl chahlıshır

Can you wash these clothes?
Bu çamaşırları yıkayabilir misiniz?
boo chahmahshırlahrı yıkighahbeeleer meeseeneez

ROOM SERVICE

Complaints - Şikayetler

The TV is out of order.
Televizyon bozuk.
tehlehveezyon bozook.

The sink is clogged.
Lavabo tıkalı.
lahvahbo tıkahlı.

The window doesn't close.
Pencere kapanmıyor.
pehnjehreh kahpahnmıyor.

The window doesn't open.
Pencere açılmıyor.
pehnjehreh ahcılmıyor.

The key doesn't fit.
Anahtar uymuyor.
ahnahhhtahr ooymooyor.

There is no hot water.
Sıcak su gelmiyor.
sijahk soo gehlmeeyor.

The fuse has blown.
Sigorta atmış.
seegortah ahtmısh.

Words

bell	zil	zeel
central heating	kalorifer	kahloreefehr
lamp	lamba	lahmbah
plug	priz	preez
radio	radyo	radydyo
shower	duş	doosh
siphon	sifon	seefon
tap	musluk	mooslook
ventilator	vantilatör	vahnteelahturr

Checking out - Otelden Ayrılış
Dialogue

- **I'm checking out today.**
- Bugün otelden ayrılıyorum.
  boogewn otehldehn ighrılıyoroom.

- **What time are you checking out?**
- Saat kaçta ayrılıyorsunuz?
  sahaht kahchtah ighrılıyorsoonooz?

- **At 11. Please let me have the bill.**
- Saat onbirde. Lütfen, hesabı hazırlayın.
  sahaht onbeerdeh. Lewtfehn, hhehsahbı hhahzırlighın.

- **Would you like a taxi?**
- Taksi ister misiniz?
  tahksee eestehr meeseeneez?

- **Yes, please, Thank you.**
- Teşekkür ederim, iyi olur.
tehshehkkewr ehdehreem, eeyee oloor.

More Expressions

We would like to have separate bills.
Hesaplarımız ayrı olsun.
hhehsahplahrımız ighrı olsoon.

There is a mistake in this bill.
Bu hesapta yanlışlık var.
boo hhehsahptah yahnlıshlık vahr.

Do you accept DM?
Mark alıyor musunuz?
mahrk ahlıyor moosoonooz?

Please forward my mail to this address.
Postamı lütfen şu adrese gönderiniz.
postahmı lewthfehn shoo ahdrehseh gurndehreeneez.

Please bring my suitcases down.
Bavullarımı aşağıya getiriniz lütfen.
bahvoollahrımı ahsharıyah gehteereeneez lewtfehn.

Please send my suitcases to the bus terminal.
Bavullarımı terminale gönderiniz lütfen.
bahvoollahrımı tehrmeenahleh gurndehreeneez lewtfehn.

When is the plane leaving for Izmir?
Uçak İzmir'e ne zaman hareket ediyor?
oochahk eezmeer'eh neh zahmahn hhahrehkeht ehdeeyor?

Thanks for your help. Good-bye.
Herşey için teşekkürler, allahaısmarladık.
hhehrshay eecheen tehshehkkewrlehr, ahllahhhahısmahrlahdık.

Camping - Kamp
Dialogue

- **Can I camp here?**
- Burada kamp yapabilir miyiz?
  boorahdah kahmp yahpahbeeleer meeyeez?

- **Yes. We have a camping place.**
- Evet, kamp yerimiz var.
  ehveht, kahmp yehreemeez vahr.

- **How much is it per night?**
- Geceliği ne kadar?
  gehjehleeree neh kahdahr?

- **Renting a tent is 5.000 TL.**
- Çadır ücreti beş bin lira.
  chahdır ewjrehtee behsh been leerah.

More Expressions

Where can I set up my tent?
Çadırımı nereye kurabilirim?
chahdırımı nehrayeh koorahbeeleereem?

Do you have room for one more tent?
Bir çadır için daha yeriniz var mı?
beer chahdır eecheen dahhhah yehreeneez vahr mı?

How much should I pay for the caravan and the car?
Karavan ve araba için ne kadar ödemeliyim?
kahrahvahn veh ahrahbah eecheen neh kahdahr urdehmehleeyeem.

I'll stay here for a week.
Bir hafta kalacağım.
beer hhahftah kahlahjarım.

Is it permitted to make a fire here?
Burada ateş yakmak serbest mi?
boorahdah ahtesh yahkmahk sehrbehst mee?

Is there a food store around?
Yakında yiyecek satan bir dükkan var mı?
yahkındah yeeyehjehk sahtahn beer dewkahn vahr mı?

Where is the W.C.?
Tuvalet nerede?
toovahleht nehrehdeh?

Where is the shower?
Duşlar nerede?
dooshlahr nehrehdeh?

Where is the dust bin?
Çöp tenekeleri nerede?
churp tehnehkehlehree nehrehdeh?

Where are the cabins?
Kabinler nerede?
kahbeenlehr nehrehdeh?

Do you have electricity here?
Burada elektrik bağlantısı var mı?
boorahdah ehlehktreek barlahntısı vahr mı?

Can I borrow your saucepan?
Tencerenizi ödünç alabilir miyim?
tehnjehrehneezee urdewnch ahlahbeeleer meeyeem?

Where can we change our gas tubes?
Gaz tüplerini nerede değiştirebiliriz?
gahz tewplehreenee nehrehden dehreeshteerehbeeleereez?

Do you have a night watchman at this camping place?
Kamp yerinin gece bekçisi var mı?
kahmp yehreeneen gehjeh behkcheesee vahr mı?

Can we park our caravan here?
Karavanımızı buraya park edebilir miyiz?
kahrahvahnımızı boorighah pahrk ehdehbeeleer meeyeez?

Words

bucket	kova	kovah
camp manager	kamp yöneticisi	kahmy yurnehteeceesee
electricity	elektrik	ehlehtreek
kitchen	mutfak	mootfahk
sea bed	deniz yatağı	dehneez yahtarı
sleeping bag	uyku tulumu	ooykoo tooloomoo

RESTAURANTS

In Turkish restaurants various kinds of meat dishes are common. Some of the popular meat meals are "döner kebap" (mutton broiled on a vertically revolving spit), "şiş kebabı" (mutton roasted on skewers), meat balls and various grilled meats. Fish menu is also very rich in Turkey. Vegetable salads accompanying meals are also very rich in variety. "Rakı"/rahkı/is the most popular alcoholic dringk produced in Turkey. It is important to mention that rakı is not available in all restaurants and touristic places. However, in most restaurants at big hotels it is usually possible to find alcoholic drinks like rakı, vodka, whisky and various kinds of wine.

Cold dishes made with olive oil are popular in Turkey. We suggest you try stuffed vine-leaves and cabbage. Beans cooked with olive oil are very popular. Eggplants also have an important place in the Turkish cuisine. They are used in a variety of meals.

Yoğurt is a native Turkish dairy product which is delicious and good for the health. Mostly "ayran" (yoğurt + water + a pinch of salt) is served as beverage with meals. "Pilav" (rice/pilaf) and bread are consumed a lot in Turkey. Pilav is also made from cracked wheat. In restaurants mostly pilav made from rice is served.

SWEETS

Turkish cuisine includes a very rich selection of sweets and desserts. Especially sweets like "baklava", "kadayıf", "tulumba", "aşure" and "sütlaç" (rice pudding) are famous.

CONFECTIONER'S

At the confectioner's, one can find varieties of candies, sweets and pastries. Such places are open to everyone. In such places alcoholic drinks are not available. One can have cola, ayran, fruit-juice and other kinds of soft drinks.

COFFEE-HOUSES/COFFEE SHOPS

One can drink coffee, tea, fruit-juice, ayran, cola and soft drinks in coffee shops. Usually men frequent coffee shops. It is also possible to play cards and backgammon there.

TEA-GARDENS

Tea gardens are open to the public. Usually families go to such places. It is possible to drink tea, coffee, ayran, cola, fruit-juice and other soft drinks in tea-gardens. Usually families can bring their own food and have lunch or dinner there.

At the Restaurant - Lokantada
Dialogue

- **Where is there a good restaurant?**
- Nerede iyi bir lokanta var?
  nehrehdeh eeyee beer lokahntah vahr?

- **What kind of restaurant are you looking for?**
- Nasıl bir lokanta istiyorsunuz?
  nahsıl beer lokahntah eesteeyorsoonooz?

- **I'm looking for a typical Turkish restaurant.**
- Tipik bir Türk lokantası.
  teepeek beer Tewrk lokahntahsı.

- **I recommend "döner" or "şiş kebap"**
- Size döner veya şiş kebap tavsiye edeceğim.
  seezen durnehr vayah sheesh kehbahp tahvseeyeh ehdehjehreem.

- **Is there such a restaurant around here?**
  Yakında böyle bir lokanta var mı?
  yahkındah buryleh beer lokahntah vahr mı?

- **Yes. You can have the best "döner" and "şiş kebap" at the Uludağ Restaurant.**
- Evet, Uludağ Lokantasında en güzel şiş kebap ve döneri yiyebilirsiniz.
  ehveht, ooloodar lokahntahsındah ehn gewzehl sheesh kehbahph veh durnehree yeeyehbeeleerseeneez.

More Expressions

Can you recommend a cheap restaurant?
Bana ucuz bir lokanta tavsiye eder misiniz?
bahnah oojooz beer lokahntah tahvseeyen ehdehr meeseeneez?

Can you recommend a hamburger shop?
Bana bir hamburgerci tavsiye eder misiniz?
bahnah beer hahmboorgehrjee tahvseeyeh ehdehr meeseeneez?

Can you recommend a place where I can have sandwiches?
Bana bir sandviççi tavsiye eder misiniz?
bahnah beer sahndveechchee tahvseeyeh ehdehr meeseeneez?

Can you recommend a fish restaurant?
Bana bir balık lokantası tavsiye eder misiniz?
bahnah beer bahlık lokahntahsı tahvseeyeh ehdehr meeseeneez?!

Can you recommend a kebap restaurant?
Bana bir kebapçı tavsiye eder misiniz?
bahnah beer kehbahpchı tahvseeyeh ehdehr meeseeneez?

Can you recommend a place where I can find Turkish pizza (flat-bread)?
Bana bir pideci tavsiye eder misiniz?
bahnah beer peedehjee tahvseeyeh ehdehr meeseeneez?

Can you recommend a confectioner/candy shop?
Bana bir tatlıcı tavsiye eder misiniz?
bahnah beer tahtlıcı tahvseeyeh ehdehr meeseeneez?

Can you suggest a pastry shop where I can find rice pudding?
Bana bir muhallebici tavsiye eder misiniz?
bahnah beer moohhahllehbeejee tahvseeyeh ehdehr meeseeneez?

Can you recommend a pastry shop?
Bana bir pastahane tavsiye eder misiniz?
bahnah beer pahstahhhahneh tahvseeyeh ehdehr meeseeneez?

Can you recommend a restaurant where I can have tripe soup?
Bana bir işkembeci tavsiye eder misiniz?
bahnah beer eeshkehmbehjee tahvseeyeh ehdehr meeseeneez?

Dialogue

- **Welcome, how can I help you?**
- Buyurun, ne arzu edersiniz?
  booyooroon, neh ahrzoo ehdehrseeneez?

- **Menu, please.**
- Yemek listesi lütfen!
  yehmehk leestehsee lewtfehn.

- **Here is the menu.**
- Buyurun, yemek listesi.
  booyooroon, yehmehk leestehsee.

- **What dishes do you recommend?**
- Bize ne tavsiye edersiniz?
  beezeh neh tahvseeyeh ehdehrseeneez?

- **I recommend "döner" or "iskender kebap".**
- Size döner veya iskender kebap tavsiye ederim.
  seezeh durnehr vayah eeskehndehr kehbahp tahvseeyeh ehdehreem.

- **What kind of sweets do you have?**
- Tatlılardan ne var?
  tahtlılahrdahn neh vahr?

- **We have "baklava" and "kadayıf". Anything to drink?**
  Baklava, kadayıf var. Ne içmek istersiniz?
  bahklahvah, kahdighıf vahr. neh eechmehk eestehrseeneez?

- **Red wine, please.**
  Kırmızı şarap lütfen.
  kırmızı shahrahp lewtfehn.

More Expressions

I'd like a table for three.
Üç kişilik bir masa istiyorum.
ewch keesheeleek beer mahsah eesteeyoroom.

I'd like a table by the window.
Pencere kenarında bir masa istiyorum.
pehnjehreh kehnahrındah beer mahsah eesteeyoroom.

What do you have on the menu today?
Bugün menüde ne var?
boogewn mehnewdeh neh vahr?

Can you bring us a portion of grilled meat balls, please?
Lütfen, bize bir porsiyon ızgara köfte.
lewtfehn, beezeh beer porseeyon ızgahrah kurfteh.

Can we select our food in the kitchen?
Yemeğimizi mutfaktan seçebilir miyiz?
yehmehreemeezee mootfahktahn sehchehbeeleer meeyeez?

Can I have a glass?
Bir bardak getirir misiniz?
beer bahrdahk gehteereer meeseeneez?

I didn't order this.
Ben bunu ısmarlamamıştım.
behn boonoo ısmahrlahmahmıshtım.

The fish is not well-done.
Balık iyi pişmemiş.
bahlık eeyee peeshmehmeesh.

The meat is not good.
Et iyi değil.
eht eeyee dehreel.

The food is too salty.
Yemek çok tuzlu.
yehmehk chok toozloo.

The food is excellent.
Yemek çok güzel.
yenmehk chok gewzehl.

Bon appetite.
Afiyet olsun.
ahfeeyeht olsoon.

Bill - Hesap

Can I have the bill, please?
Hesap lütfen!
hhehsahp lewtfehn.

We'd like to have separate bills.
Hesabı ayrı ayrı istiyoruz.
hhehsahbı ighrı ighrı eesteeyorooz.

We'd like to have a joint bill.
Hesabı birlikte istiyoruz.
hhehsahbı beerleekteh eesteeyorooz.

I think there is a mistake in this bill.
Galiba bu hesapta bir yanlışlık var.
gahleebah boo hhehsahptah beer yahnlıshlık vahr.

Thanks.
Teşekkürler.
tehshehkkewrlehr.

YEMEK LİSTESİ - **MENU**

ÇORBALAR - **SOUPS**

Kremalı Domates Çorbası
Cream of tomato

Yayla Çorbası
Cream of Mutton Soup with yoghurt

Mercimek Çorbası
Lentil soup

İşkembe Çorbası
Tripe soup

Şehriye Çorbası
Noodle soup

SALATA VE MEZELER - **SALAD AND APPETIZERS**

Marul Salatası
Romaine lettuce salad

Çoban Salatası
Cucumber and tomato salad

Rus Salatası
Russian salad (in mayonnaise)

Patates Salatası
Potato salad

Fasulye Piyazı
Broad beans

Cacık
Diced cucumbers with a dressing of yoghurt, olive oil and garlic

Dil
Tongue (smoked or boiled)

Salam
Salami

Pastırma
Dried beef cured with red pepper

Sosis Tava
Fried sausages

Turşu
Pickles

Beyaz Peynir
White Cheese

Midye Dolma
Stuffed mussels

Çerkez Tavuğu
Circassian Chicken

Jambon
Ham

KEBAPLAR - **KEBAP**

Tandır Kebabı
Meat roasted in a cylindirical oven ("Tandoori")

Tas Kebabı
Lamb kebab in a casserole

Çöp Kebabı
Lamb Kebab on wooden skewers

Beyti Kebabı
Lamb Kebab with eggplants

Adana Kebabı
Skewered minced mutton with hot pepper

Şiş Kebabı
Charcoal-grilled skewered chunks of lamb and tomatoes

Döner Kebab
Lamb roasted on a vertical spit from which thin slices are cut and served on a bed of rice or "pide" bread

İskender kebabı
Döner kebab served with yoghurt, tomato sauce and melted butter

ET YEMEKLERİ - **MEAT DISHES**

Kuzu Rostosu
Leg of lamb braised with vegetables

Izgara Bonfile
Grilled filet steak

Biftek
Beefsteak

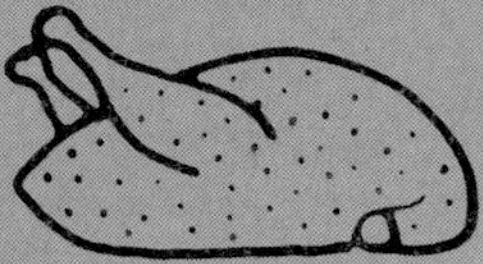

Pirzola
Lamb chops

Piliç Izgara
Grilled chicken

Izgara Köfte
Grilled meat croquettes

Kadınbudu köfte
"Lady's thigh" is the name given to lamb and rice croquettes, generally served with chips (french fries)

Ciğer Tava
Fried lamb's liver

Ciğer Izgara
Grilled Liver

Karnıyarık
Eggplants stuffed with minced meat

ZEYTİNYAĞLI YEMEKLER

VEGETABLES COOKED WITH OLIVE OIL

İmambayıldı
Eggplants stuffed with onions, green peppers and tomato and served with parsley

Zeytinyağlı biber dolması
Stuffed peppers

Zeytinyağlı Fasulye
String beans in olive oil

Zeytinyağlı Enginar
Artichoke in olive oil

Zeytinyağlı Pırasa
Leeks in olive oil

Zeytinyağlı kereviz
Celery root in olive oil

PİLAVLAR - **PİLAF (RICE and CRACKED WHEAT)**

Pirinç Pilavı
Rice pilaf

Bulgur Pilavı
Cracked wheat pilaf

İç Pilav
Chopped chicken-liver pilaf

HAMUR İŞLERİ - **NOODLES and PASTIES**

Mantı
Ravioli

Börek
Pie

Su Böreği
Pie with minced-meat or cheese

Talaş Böreği
Meat pie

Makarna
Macaroni (or Noodles)

TATLILAR - **DESSERTS**

Baklava
Baklava: Pastry filled with nuts, almonds and pistachios, steeped in syrup.

Şöbiyet
A kind of baklava with pistachios

Kadayıf
Shredded wheat in syrup and walnuts

Tulumba Tatlısı
Pastry with syrup

Revani
Semolina pudding

Muhallebi
Rice pudding (made with rice flour)

Sütlaç
Rice pudding (made with rice grains)

Profitrol
Pastry stuffed with pudding in chocolate sance

Aşure
"Noah's Pudding": Thick Pudding with fruits, nuts, vegetables

Kabak Tatlısı
Pumpkin served with nuts and syrup

Tavuk Göğsü
Sweet chicken-breast mould

Keşkül
Rice pudding served with nuts

Kazandibi
Pudding with caramelized bottom

ALKOLLÜ İÇKİLER - **ALCOHOLIC DRINKS**

Rakı
Raki

Beyaz Şarap
White wine

Kırmızı Şarap
Red wine

Votka
Vodka

Bira
Beer

Konyak (or Kanyak)
Brandy (or Cognac)

Likör
Liqueur

MEŞRUBATLAR - **BEVERAGES**

Maden Suyu Sodası
Mineral water

Meyve Suyu
Fruit juice

Domates Suyu
Tomato juice

Ayran
Ayran (yoghurt mixed with water and a pinch of salt)

Türk Kahvesi
Turkish coffee

Çay
Tea

Sütlü Çay
Tea with milk

Kola
Cola

Limonata
Lemonade

Neskafe
Instant coffee (Nescafe)

At the Bank - Bankada
Dialogue

- **I'd like to exchange some £.**
  Sterlin bozdurmak istiyorum.
  stehrleen bozdoormahk eesteeyoroom.

- **How many £?**
- Kaç Sterlin?
  kahch stehrleen?

- **£ 1000. How much is a £?**
- Bin Sterlin. Bir Sterlin kaç lira?
  Been stehrleen. Beer stehrleen kahch leerah?

- **One £ is .... TL.**
- Bir Sterlin .... lira.
  beer stehrleen .... leerah.

More Expressions

Can I find a bank around here?
Yakında bir banka bulabilir miyim?
yahkındah beer bahnkah boolahbeeleer meeyeem?

I'd like to exchange traveler's cheques.
Seyahat çeki bozdurmak istiyorum.
sayahhaht chehki bozdoormahk eesteeyoroom.

I'd like to exchange dollars.
Dolar bozdurmak istiyorum.
dolahr bozdoormahk eesteeyoroom.

Go to the exchange department.
Kambiyo bölümüne gidiniz.
kahmbeeyo burlewnewneh geedeeneez.

I'd like to send some money to England.
İngiltere'ye para göndermek istiyorum.
eengeeltehrayeh pahrah gurndehrmehk eesteeyoroom.

Has any money been deposited in my account?
Benim hesabıma para gelmiş mi?
behneem hhehsahbımah pahrah gehlmeesh mee?

I'd like to put some money into my account.
Bu parayı hesabıma yatırmak istiyorum.
boo pahrighı hhehsahbımah yahtırmahk eesteeyoroom.

My account number.
Hesap numaram.
hhehsahp noomahrahm.

Can I see your passport?
Pasaportunuzu görebilir miyim?
pahsahportoonoozoo gurrehbeeleer meeyeem?

Can you sign here, please?
Lütfen, şurayı imzalar mısınız?
lewtfehn, shorighı eemzahlahr mısınız?

Please get your money from the cashier's.
Lütfen, parayı vezneden alınız.
lewtfehn, pahrighı vehznehdehn ahlınız.

Words

$	dolar	dolahr
DM	mark	mahrk
Francs	frank	frahnk
Pounds	pound	
Shillings	şilin	sheeleen
TL	türk lirası	tewrk leerahsı
bank account	banka hesebı	bahnkah hehsahbı
bank-book	hesap cüzdanı	hhehsahp jewzdahnı
bank-cheque/draft	banka havalesi	bahnkah hahvahlehsee
bank-note	banknot, kağıt para	bahnknot, karıt pahrah
banking clerk	banka memuru	bahnkah mehmooroo
cash	nakit para	nahkeet pahrah
change	bozuk para	bozook pahrah
credit card	kredi kartı	krehdec mehktooboo
deposit	para yatırmak	pahrah yahtırmahk
documents	kıymetli evrak	kıymehtlee ehvrahk
draw money	para çekmek	pahrah chehmehk
exchange department	kambiyo bölümü	kahmbeeyo burlew mew
foreign currency	döviz	durveez
letter of credit	kredi mektubu	krehdee mehktooboo
pay	ödemek	urdehmehk
amount	miktar	meektahr
receipt	makbuz	mahkbooz
safe	kasa	kahsah
share	hisse senedi	hheesseh sehnehdee
shopping	alış veriş	ahlısh vehreesh
till	vezne	vehzneh
traveler's cheques	seyahat çeki	sayahhaht chehkee

At a Kiosk - Büfede
In the Bookshop - Kitapçıda
Dialogue

- **Do you sell envelopes?**
  Mektup zarfı var mı?
  mehktoop zahrfı vahr mı?

- Yes, we do. How many?
- Evet, var. Kaç tane?
ehveht, vahr. kachch tahneh?

- Three, please.
- Üç tane, lütfen.
ewch tahneh lewtfehn.

- How much is a postcard?
- Kartpostallar kaç lira?
kahrtpostahllahr kahch leerah?

- 20 TL.
- Yirmi lira.
yeermee leerah.

- Three postcards too, please.
- Üç tane de kartpostal lütfen.
ewch tahneh deh kahrtpostahl lewtfehn.

- Do you have stamps?
Posta pulu var mı?
postah pooloo vahr mı?

- No, we don't. You can buy stamps from the post-office.
- Hayır yok. Pulu postaneden alacaksınız.
highır, yok. pooloo postahnehdehn ahlahcahksınız.

More Expressions

Do you sell German newspapers?
Almanca gazete var mı?
ahlmahnah gahzehteh vahr mı?

Do you sell English newspapers?
İngilizce gazete var mı?
eengeeleezceh gahzehteh vahr mı?

Do you sell German magazines?
Almanca dergi var mı?
ahlmahncah dehrgee vahr mı?

Do you sell tokens for the telephone?
Jeton var mı?
zhehton vahr mı?

Where can I buy stamps?
Pulu nereden alabilirim?
pooloo nehrehdehn ahlahbeeleereem?

I'd like to have a city map.
Bir şehir planı istiyorum.
beer shehheer plahnı eesteeyoroom.

Is there a guide book to Istanbul?
İstanbul'u tanıtan bir kitap var mı?
eestahnbool'oo tahnıtahn beer keetahp vahr mı?

Stores and Groceries

antique shop	antikacı	ahnteekahji dewkahnı
art gallery	sanat galerisi	sahnaht gahlehreesee
baker	ekmekçi	ehkmehkchee
bakery	fırın	fırın
beauty salon	güzellik salonu	gewzehlleek sahlonoo
bookseller	kitapçı	keetahpchı
bookshop	kitapçı	keetahpchı
butcher	kasap	kahsahp
boutique	butik	booteek
camera shop	fotoğrafçı dükkanı	fotorrahfchı dewkkahnı
carpet seller	halıcı	hhahlıjı
chinawear store	porselen eşya mağazası	porsehlehn ehshyah marahzahsı
clothing store	giyim mağazasında	geyeem marahzahsındah
copper handiwork	bakırcı	bahkırjı
delicatessen	şarküteri	shahrkewtehree
dairy	mandıra	mahndırah
draper	kumaş mağazası	koomahsh marahzahsı
drugstore/pharmacy	eczane	ehczahneh
dry cleaner's	kuru temizleyici	kooroo tehmeezlehyeejee
fishmonger's	balıkçı	bahlıkchı
florist	çiçekçi	cheechehkchee

dried fruits and nuts	kuru yemişçi	koroo yehmeeshchee
furniture store	mobilya mağazası	mobeelyah marahzahsı
garage	tamirhane	tahmeerhhahneh
greengrocer	manav	mahnahv
grocery	bakkal	bahkkahl
hat shop	şapkacı	shahpkahjı dewkkahnı
jewellers	kuyumcu	kooyoomjoo
leather shop	deri eşya mağazası	dehree ehshyahmarahzahsı
millenery shop	tuhafiyeci	toohhahfeeyhjee
musical instruments store	müzik aletleri mağazası	mewzeek ahlehtlehree marahzahsı
news-stand	gazete bayii	gahtzehteh bahyeeee
optician's	gözlükçü dükkanı	gurzlewkchew dewkkahnı
pastry shop	pastane	pahstahneh
perfumery	parfümeri dükkanı	pahrfewmehree dewkkahnı
record store	plakçı dükkanı	plahkchı dewkkahnı
restaurant	lokanta	lokahntah
shoe shop	ayakkabı mağazası	ighahkkahbı marahzahsı
sporting goods shop	spor mağazası	spor marahzahsı
stationer's	kırtasiyeci	kırtahseeyeehjee
supermarket	süpermarket	sewpehrmahrkeht
tailor/dressmaker	terzi	tehrzee
toy shop	oyuncakçı	oyoonjahkchı
travel agent	seyahat acentası	sayahhaht ahjehntahsı

In the Clothing Store
Dialogue

- **I'd like to buy a dress.**
- Bir elbise almak istiyorum.
  beer ehlbeeseh ahlmahk eesteeyoroom.

- **What size do you wear?**
- Kaç beden giyiyorsunuz?
  kahch behdehn geeyeeyorsoonooz?

- **Size 40.**
Kırk beden giyiyorum.
kırk behdehn geeyeeyoroom.

- **What color do you have in mind?**
- Elbiseyi ne renk düşünüyorsunuz?
ehlbeesayee neh rehnk dewshewnewyorsoonooz?

- **Red or shades of red.**
Kırmızı veya kırmızı tonları.
kırmızı vehyah kırmızı tonlahrı.

More Expressions

I'd like to buy a shirt.
Bir gömlek istiyorum.
Beer gurmlehk eesteeyoroom.

Can you show me some sweaters?
Bana bir kaç kazak gösterebilir misiniz?
bahnah beer kahch kahzahk gurstehrehbeeleer meeseeneez?

I'd like the skirt in the window.
Vitrindeki etekten rica ediyorum.
veetreendehkee ehtehktehn reejah ehdeeyoroom.

I'd like to see a pair of cheaper trousers.
Daha ucuz bir pantolon istiyorum.
dahhah oojooz beer pahntolon eesteeyoroom.

May I try this dress on?
Bu elbiseyi deneyebilir miyim?
boo ehlbeesayee dehnayehbeeleer meeyeem?

This dress is too tight for me.
Bu elbise bana dar.
boo ehlbeeseh bahnah dahr.

I didn't like the color of this dress.
Bunun rengini beğenmedim.
boonoon rehngeenee behrehnmehdeem.

I like this. I'll buy it.
Bunu beğendim, alıyorum.
boonoo behrehndeem, ahlıyoroom.

I won't buy this.
Bunu almıyorum.
boonoo ahlmıyoroom.

Can you send these to the hotel?
Bunları otele gönderebilir misiniz?
boonlahrı otehleh gurndehrehbeeleer meeseeneez?

Do you accept DM?
Mark, kabul ediyor musunuz?
mahrk, kahbool ehdeeyor moosoonooz?

Please wrap it up.
Paket yapın lütfen.
Pahkeht yahpın lewtfehn.

I'd like an invoice.
Fatura rica ediyorum.
fahtoorah reejah ehdeeyoroom.

Words

bath robe	bornoz	bornoz
bathing-suit	mayo	migho
big	büyük	bewyewk
bikini	bikini	beekeenee
blouse	buluz	boolooz
blue jeans	blucin	bloojeen
collar size	yaka numarası	yahka noomahrahsı
color	renk	rehnk
design	desen	dehsehn
gloves	eldiven	ehldeevehn
hat	şapka	shahpkah
long	uzun	oozoon
loose	bol	bol
scarf	atkı	ahtkı
shirt	gömlek	gurmlehk
short	kısa	kısah
skirt	etek	ehtehk

small	küçük	kewchewk
style	biçim	beecheem
suit	takım	tahkım ehlbeeseh
tight	dar	dahr

Returning Goods/ - İade Etme/
Changing - Değiştirme

Can you change this?
Şunu değiştirebilir misiniz?
shoonoo dehreeshteerehbeeleer meeseeneez?

I'd like to return this dress.
Bu elbiseyi geri vermek istiyorum.
boo ehlbeesayee gehree vehrmehk eesteeyoroom.

Would you please return my money?
Paramı iade eder misiniz?
pahrahmı eeadeh ehdehr meeseeneez?

Here is the bill.
İşte fatura.
eeshteh fahtoorah.

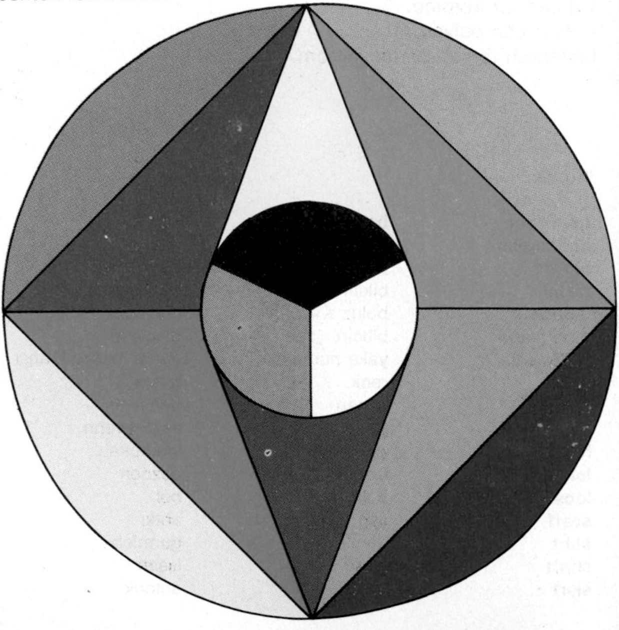

Colors - Renkler

black	siyah	seeyahh
blue	.navi	mahvee
brown	kahverengi	kahhvehrehngee
dark blue	lacivert	lahjeevehrt
green	yeşil	yehsheel
grey/gray	gri	gree
light brown, tan	bej	behzn
orange	turuncu	tooroончoo
pink	pembe	pehmbeh
purple	mor	mor
red	kırmızı	kırmızı
white	beyaz	beyahz
yellow	sarı	sahrı

At the Shoe Store -
Ayakkabı Mağazasında
Dialogue

- **I'd like a pair of shoes.**
- Bir çift ayakkabı istiyorum.
  beer cheeft ighahkahbı eesteeyoroom.

- **What size shoes do you wear?**
- Kaç numara giyiyorsunuz?
  kach noomahrah geeyeeyorsononooz?

- **Forty-one**
  Kırkbir numara.
  kırkbeer noomahrah.

- **What color do you want?**
- Ne renk istiyorsunuz?
  neh rehnk eesteeyorsoonooz?

- **Brown.**
  Kahverengi.
  kahhvehrehngee.

More Expressions

This shoe is too small.
Bu ayakkabı dar.
boo ighahkkahbı dahr.

This shoe is too big.
Bu ayakkabı geniş.
boo ighahkkahbı gehneesh.

Do you have this model in black?
Bu modelin siyahı var mı?

I'd like to have some shoe polish.
Ayakkabı cilası istiyorum.
ighahkkahbı jeelahsı eesteeyoroom.

Would you please repair this shoe?
Bu ayakkabıyı tamir edebilir misiniz?
boo ighahkkahbıyı tahmeer ehdehbeeleer meeseeneez?

When will it be ready?
Ne zamana hazır olur?
neh zahmahnah hhahzır oloor?

Words

children's shoes	çocuk ayakkabısı	chocook ighahkkahbısı
shoe-lace	ayakkabı bağı	ighahkkahbı barı
shoe-polish	ayakkabı boyası	ighahkkahbı boyahsı
slipper	terlik	tehrleek
top-boot	çizme	cheezmeh

At the Photographer's - Fotoğrafçıda

I'd like a roll of 36-shot film.
Otuzaltı pozluk bir filim istiyorum.
otoozahltı pozlook beer feeleem eesteeyoroom.

I'd like some film for this camera.
Bu makine için bir filim istiyorum.
boo mahkeeneh eecheen beer feeleem eesteeyoroom.

Would you please put this film into the camera?
Filmi fotoğraf makinesine takar mısınız?
feelmee fotorrahf mahkeenehseeneh tahkahr mısınız?

This camera does not work.
Bu fotoğraf makinesi çalışmıyor.
boo fotorraf mahkeenehsee chahlıshmıyor.

Can you repair it?
Tamir edebilir misiniz?
tahmeer ehdehbeeleer meeseeneez?

The film is jammed.
Filim sıkıştı.
feeleem sıkıshtı.

Can I take a photograph of you?
Fotoğrafınızı çekebilir miyim?
fotorrahfınızı chekkehbeeleer meeyeem?

Can you take a photograph of us?
Fotoğrafımızı çeker misiniz?
fotorrahfımızı chehkehr meeseeneez?

Words

twenty-four shot	yirmidört pozluk	yeermee durrt pozlook
color film	renkli filim	rehnklee feeleem
twelve shot	oniki pozluk	oneekee pozlook
color film	renkli filim	rehnklee feeleem
thirty-six shot	otuzaltı pozluk	otoozahltı pozlook
dia-positive (slide) film	diya filim	deeyah feeleem
black and white film	siyah beyaz filim	seeyahh bayahz feeleem
120 film	yüzyirmilik filim	yewzyeermeeahltılık feeleem
127 film	yüzyirmiyedilik filim	yewzyeermeeyeh-deeleek feeleem
135 film	yüzotuzbeşlik filim	yewzotoozbehshleek feeleem
620 film	altıyüzyirmilik filim	ahltıyewzyeermeeleek feeleem
standard 8 mm	sekiz milimetrelik standart filim	sehkeez meeleemehtrehleek stahndahrt feeleem
8 mm film	sekiz milimetrelik	sehkeez meeleemehtrehleek
super film	süper filim	sewpehr feeleem
16 mm film	onaltı milimetrelik	onahltı meeleemehtrehleek
flash bulb	flaş lambası	flash lahmbahsı

Printing - Fotoğraf Baskısı
Dialogue

- **Would you please develop this film?**
- Bu filmi banyo yapar mısınız?
  boo feelmee ahnyo yahpahr mısınız?

- **How many prints do you want?**
- Kaçar adet istiyorsunuz?
  kahchahr ahdeht eesteeyorsoonooz?

- **I want one print of each negative.**
- Her negatiften birer adet istiyorum.
  hhehr nehgahteeftehn beerehr ahdeht eesteeyoroom.

More Expressions

I want prints on glossy paper.
Parlak karta baskı istiyorum.
pahrlahk kahrtah bahskı eesteeyoroom.

Will you please enlarge this?
Bunu büyütebilir misiniz?
boonoo bewyewtehbeeleer meeseeneez?

What size do you want?
Hangi ebatta olsun?
hhahngee ehbahttah olsoon?

I want 18 × 24 cm size.
18 × 24 ebadında istiyorum.
18 × 24 ehbahdındah eesteeyoroom.

At Optician's - Gözlükçüde

Dialogue

My eyeglasses are broken.
Gözlüğümün camı kırıldı.
gurzlewrewmewn cahmı kırıldı.

Can you repair them?
Tamir edebilir misiniz?
tahmeer ehdehbeeleer meeseeneez?

Can you please change the lenses?
Camları değiştirebilir misiniz?
jahmlahrı dehreeshteerehbeeleer meeseeneez?

I want coloured lenses.
Renkli cam istiyorum.
rehnklee jahm eesteeyoroom.

When will they be ready?
Ne zamana hazır olur?
neh zahmahnah hhahzır oloor?

They will be ready tomorrow.
Yarına kadar hazır olur.
yahrınah kahdahr hhahzır oloor.

I'd like some sunglasses.
Güneş gözlüğü istiyorum.
gewnehsh gurzlewrew eesteeyoroom.

I'd like some contact-lenses.
Kontak-lens istiyorum.
kontahk-lens eesteeyoroom.

How much will I pay for it?
Borcum ne kadar?
borjoom neh kahdahr?

At the Watchmaker's - Saatçide
Dialogue

I want to buy a watch.
Bir kol saati almak istiyorum.
beer kol sahahtee ahlmahk eesteeyoroom.

Thanks. That's all.
Teşekkürler, hepsi bu kadar.
tehshehkkewrlehr, hhehpsee boo kahdahr.

Could I please see that watch?
Şu saate bakabilir miyim?
shoo sahahteh bahkahbeeleer meeyeem?

Can you repair this watch?
Bu saati tamir edebilir misiniz?
boo sahahtee tahmeer ehdehbeeleer meeseeneez?

This watch is fast.
Bu saat ileri gidiyor.
boo sahaht eelehree geedeeyor.

This watch is slow.
Bu saat geri kalıyor.
boo sahaht gehree kahlıyor.

More Words

clock (wall)	duvar saati	doovahr sahahtee
clock (table)	masa saati	mahsah sahahtee
hour	saat	sahaht

hour-hand	akrep	ahkrehp
minute	dakika	dahkeekah
minute-hand	yelkovan	yehlkovahn
pocket watch	cep saati	jehp sahahtee
second	saniye	sahneeyeh
watch	kol saati	kol sahahtee

At the Jeweller's - Kuyumcuda

I'd like to buy a necklace.
Bir kolye almak istiyorum.
beer kolyen ahlmahk eesteeyoroom.

How many karats is this bracelet?
Bu bilezik kaç ayardır?
boo beelehzeek kahch ighahrdır?

I'd like an 18 karat gold ring.
On sekiz ayar bir yüzük istiyorum.
onsehkeezighahr beer yewzewk eesteeyoroom.

More Words

bracelet	bilezik	beelehzeek
brilliant	pırlanta	pırlahntah
brooch	broş	brosh
cigarette-case	sigara tabakası	seegahrah tahbahkahsı
cross	haç	hahch
cuff-link	kol düğmesi	kol dewrmehsee
diamond	elmas	ehlmahs
ear-ring	küpe	kewpeh
emerald	zümrüt	zewmrewt
engagement ring	nişan yüzüğü	neeshahn yewzewrew
golden	altın	ahltın
jewel box	mücevher kutusu	mewjehvhhehr kootoosoo
lighter	çakmak	chahkmahk
necklace	gerdanlık	gehrdahnlık
pearl	inci	eenjee
ring	yüzük	yewzewk
ruby	yakut	yahkoot
sapphire	safir	sahfeer
wedding ring	alyans	ahlyahns

At the Dry Cleaner's - Kuru Temizlemecide
Dialogue

I want tthese clothes cleaned.
Bu elbiseleri temizletmek istiyorum.
boo ehlbeesehlehree tehmeezlehtmehk eesteeyoroom.

Can you remove this stain?
Bu lekeyi çıkarabilir misiniz?
boo lehkaysee chıkahrahbeeleer meeseeneez?

I need this dress/suit tomorrow.
Bu elbise bana yarın lazım.
boo ehlbeeseh bahnah yahrın lahzım.

When will it be ready?
Ne zamana hazır olur?
neh zahmahnah hhahzır oloor?

It will be ready tomorrow.
Yarına hazır olur.
Yahrınah hhahzır oloor.

It will be ready in two days.
İki gün sonra hazır olur.
Eekee gewn sonrah hhahzır oloor.

This is not my dress/suit.
Bu benim elbisem değil.
boo behneem ehlbeesehm dehreel.

How much do I owe you?
Borcum ne kadar.
boroom neh kahdahr?

At the Hairdresser's - Kuaförde
Dialoğue

- I'd like to have a hair cut.
- Saçlarımı kestirmek istiyorum.
sahchlahrımı kehsteermehk eesteeyoroom.

- **What style do you want?**
- Nasıl bir model istiyorsunuz?
  nahsıl beer modehl eesteeyorsoonooz?

- **I'd like a short hair style.**
  Kısa bir saç modeli istiyorum.
  kısah beer sahch modehlee eesteeyoroom.

- **Would you like your hair washed?**
- Saçınız yıkanacak mı?
  sachınız yıkahnahjahk mı?

- **Yes, I'll have it washed.**
- Evet, yıkanacak.
  ehveht, yıkahnahjahk.

More Expressions

Where is the nearest hairdresser's?
En yakın kuaför nerededir?
ehn yahkın kooahfurr nehrehdehdeer?

Do you have a hairdresser's in the hotel?
Otelde kuaför var mı?
otehldeh kooafurr vahr mı?

Can you recommend a good hairdresser's?
Bana iyi bir kuaför tavsiye edebilir misiniz?
bahnah eeyee beer kooafurr tahvseeyeh ehdehbeeleer meeseeneez?

Can I have an appointment for Tuesday?
Salı gününe bir randevu alabilir miyim?
sahlı gewnewneh beer rahndehvoo ahlahbeeleer meeyeem?

I'd like to have my hair cut.
Saçımı kestirmek istiyorum.
sahchımı kehsteermehk eesteeyoroom.

I'd like to have my hair dyed.
Saçımı boyatmak istiyorum.
sahchımı boyahtmahk eesteeyoroom.

I don't want any hair spray.
Sprey istemiyorum.
spray eestehmeeyoroom.

I'd like my hair styled.
Fön istiyorum.
furn eesteeyoroom.

Words

color chart	renk katoloğu	rehnk kahtahloroo
curls	mizampli	meezahnplee
darker tone	daha koyu bir ton	dahhah koyoo beer ton
dye	boya	boyah
gel	jöle	zhewleh
knot (of hair)	topuz	topooz
lighter tone	daha açık bir ton	dahhah achık beer ton
manicure	manikür	mahneekewr
pedicure	pedikür	pehdeekewr
perma	perma	pehrmah
same color	aynı renk	ighnı rehnk
shadow-coloring	röflę	rurfleh
skin mask	güzellik maskesi	gewzehleek lahskehsee
wig	peruk	pehruk

At the Barber's - Berberde

I want to have a hair-cut
Saçlarımı kestirmek istiyorum.
sahchlahrımı kehsteermehk eesteeyoroom.

I'd like a shave.
Sakal traşı olmak istiyorum.
sahkahl tırahshı olmahk eesteeyoroom.

Don't cut it too short.
Çok kısa kesmeyin.
chok kısah kehsmayeen.

Make it short in the back.
Arkadan kısaltın.
ahrkahdahn kısahltın.

Make it short on top.
Üstten kısaltın.
ewsttehn kısahltın.

Cut a little in the front please.
Önden biraz alın.
urndehn beerahz ahlın.

Trim it a little more off the sides please.
Kenarlardan biraz daha kesin.
kehnahrlahrdahn beerahz dahhah kehseen.

Please don't use any oil.
Briyantin sürmeyin.
breeyahnteen sewrmayeen.

- Thank you. That's fine.
Böyle çok iyi, teşekkür ederim.
buryleh chok eeyee tehshehkkewr ehdehreem.

A razor shave please.
Bir ustura tıraşı lütfen.
beer usturah tırahshı lewtfehn.

How much do I owe you?
Borcum ne kadar?
borcoom neh kahdahr?

This is for you.
Bu sizin için.
boo seezeen eecheen.

Words

beard	sakal	sahkahl
combing	saç tarama	sahch tahrahmah
hair lotion	saç losyonu	sahch losyonoo
hair-drying	saç kurutma	sahch koorootmah
hair-dyeing/coloring	saç boyama	sahch boyahmah
hair-washing	saç yıkama	sahch yıkahmah
massage	masaj	mahsahzh
moustache	bıyık	bıyık
wig	peruk	pehrook

Stationery Goods - Kırtasiye Eşyaları

adress book	adres defteri	ahdrehs dehftehree
carbon paper	karbon kağıdı	kahrbon kahrıdı
coloured pencils	boya kalemi	boyah kahlehmee
drawing paper	resim kağıdı	rehseem kahrıdı
drawing pin	raptiye	rahpteeyeh
envelope	zarf	zahrf
file	dosya	dosyah
fountainpen	dolmakalem	dolmahkahlehm
glue	tutkal	tootkal
ink	mürekkep	mewrehkkehp
label/tag	etiket	ehteekeht
map	harita	hahreetah
notebook	defter	dehftehr
notebook	not defteri	not dehftehree
pad	bloknot	bloknot
paper	kağıt	karıt
pencil	kurşun kalem	koorshoon kahlehm
pencil sharpener	kalemtıraş	kahlehmtırahsh
postcard	kartpostal	kahrtpostahl
ball-point pen	tükenmez kalem	tewkehnmehz kahlehm
rubber (eraser)	silgi	seelgee
ruler	cetvel	jahfvehl
scotch-tape	seloteyp	senlotehyp
spare lead	yedek kalem ucu	yehdehk kahlehm oojoo
typing paper	daktilo kağıdı	dahkteeloo kahrıdı
water-color set	suluboya	soolooboyah tahkımı
wrapping paper	ambalaj kağıdı	ahmbahlahzh kahrıdı

Foods - Gıda Maddeleı

artichoke	enginar	ehngeenahr
bean	fasulye	fahsoolyeh
broad bean	bakla	bahklah
cabbage	lahana	lahhhahnah
carrot	havuç	hhahvooch
cauliflower	karnabahar	kahrnohbahhhahr
celery	kereviz	kehrehveez
cucumber	salatalık	sahlahtahlık
eggplant	patlıcan	pahtlıjahn
leek	pırasa	pırahsah
lemon	limon	leemon

lettuce	marul	mahrool
onion	kuru soğan	kooroo sorahn
pea	bezelye	behzehlyeh
pepper	sivri biber	seevree beebehr
potato	patates	pahtahtehs
pumpkin	kabak	kahbahk
purslane	semizotu	sehmeezotoo
spinach	ıspanak	ıspahnank
spring onion	yeşil soğan	yehsheel sorahn
stuffing pepper	dolmalık biber	dolmahlık beebehr
tomato	domates	domahtehs
vegetables	sebzeler	sehbzehlehr

Fruits - Meyveler

apple	elma	ehlmah
apricot	kayısı	kahyısı
banana	muz	mooz
cherry	kiraz	keerahz
fig	incir	eenjeer
grape	üzüm	ewzewm

melon	kavun	kahvoon
orange	portakal	portahkahl
peach	şeftali	shehftahlee
pear	armut	ahrmoot
plum	erik	ehreek
strawberry	çilek	cheelehk
tangerine	mandalina	mahndahleenah
watermelon	karpuz	kahrpooz
wild cherry	vişne	veeshneh

Varieties of Meat - Et Çeşitleri

beefsteak	biftek	beftehk
chicken (young)	piliç	peeleech
chicken	tavuk	tahvook
chop/cutlet	pirzola	peerzolah
club cut fillet of beef	kontrfille	kontrfeeleh
dried meat	pastırma	pahstırmah
ham	jambon	zhahmbon
heart	yürek	yewrehk
kidney	böbrek	burbrehk
leg	but	boot
liver	ciğer	jeerehr
mince	kıyma	kıymah
roast meat	rosto	rosto
salami	salam	sahlahm
sausage	sosis/sucuk	sosses/soojook
sirloin steak	bonfile	bonfeeleh
small pieces of meat	kuşbaşı	kooshbahshı
tongue	dil	deal
tripe	işkembe	eeshkehmbeh

Varieties of Cheese - Peynir Çeşitleri

balkan cheese	kaşar peyniri	kahshahr payneeree
cheese spread	krem peynir	krehm payneer
granulous curd cheese	tulum peyniri	tooloom payneeree
Urfa cheese	Urfa peynir	oorfah payneeree
white cheese	beyaz peynir	behyahz payneer

Perfumery - Parfümeri

bathing foam	banyo köpüğü	bahnyo kurpewrew
brush	fırça	fırchah
clothes brush	elbise fırçası	ehlbeeseh fırchahsı
cologne	kolonya	kolonyah
comb	tarak	tahrahk
cotton	pamuk	pahmook
deodorant	deodrant	dehodorahnt
eye pencil	göz kalemi	gurz kahlehmee
eye-shadow	far	fahr
hair colour	saç boyası	sach boyahsı
hair curler	bigudi	beegoodee
hair spray	saç spreyi	sach sprayee
hairbrush	saç fırçası	sahch fırchahsı
hand cream	el kremi	ehl krehmee
hand lotion	el losyonu	ehl losyonoo
hygenic tampon	hijyenik kadın bağı	heezhehneek kahdın barı
make-up remover milk	makyaj temizleme sütü	mahkjahzh tehmeez-lehmeh sewtew
mascara	rimel	reemehl
moisturizing cream	nemlendirici krem	nehmlehndeereejee krehm
nail file	tırnak törpüsü	tırnahk turrpewsew
nail polish	oje, tırnak cilası	ozheh, tırnahk jeelahsı
nail scissors	tırnak makası	tırnahk mahkahsı
night cream	gece kremi	gehjeh krehmee
paper tissue	kağıt mendil	kahrıt mehndeel
perfume	parfüm	pahrfewm
pincers	pens	pehns
powder	pudra	poodrah
rouge	ruj	roozh
shampoo	şampuan	shahmpooahn
shaving brush	tıraş fırçası	tırahsh fırchahsı
shaving cream	tıraş kremi	tırahsh krehmee
shaving lotion	traş losyonu	trahsh losyonoo
shaving soap	tıraş sabunu	tırahsh sahboonoo
skin cream	cilt kremi	jeelt krehmee
soap	sabun	sahboon
sponge	sünger	sewngehr
sun tanning oil	güneş yağı	gewnehsh yahrı
sun-tanning cream	güneş kremi	gewnehsh krehmee
talcum powder	talk pudrası	tahlk poodrahsı
toilet paper	tuvalet kağıdı	toovahleht karıdı
toothpaste	diş macunu	deesh mahjoonoo
tweezers	cımbız	cımbız

At the Post Office - Postanede
Dialogue

- How much is a letter for Germany?
- Almanya'ya bir mektup kaç liraya gidiyor?
ahlmahnyah'yah beer mehktoop kahch leerighah geedeeyor?

- Four hundred Turkish Liras.
- Dört yüz lira.
durt yewz leerah.

- How much is the post-card?
- Kartpostal kaç lira?
kahrtpostahl kahch leerah?

- A hundred Turkish Liras.
- Yüz lira.
yewz leerah.

More Expressions

Where is the nearest post office?
En yakın postane nerede?
ehn yahkın postahneh nehrehdeh?

Where is the post box?
Nerede bir posta kutusu var?
nehrehdeh beer postah kootoosoo vahr?

What are the working hours of the post office?
Postane hangi saatlerde açık?
postahneh hhahngee sahahtlehrdeh ahchık?

Where is the parcel section?
Paket bölümü nerede?
pahkeht bewlbewlew nehrehdeh

How long will it take to send a parcel to Germany?
Almanya'ya bir paket ne kadar zamanda gider?
ahlmahnyahyah beer pahkeht neh kahdahr zahmahndah geedehr

I want to send this letter by registered mail.
Bu mektubu taahhütlü göndermek istiyorum.
boo mehktooboo tahahhhewtlew gurndehrmehk eesteeyoroom

Is there any mail for me?
Bana mektup var mı?
bahnah mehktoop vahr mı?

Yes, you have a letter.
Evet bir mektubunuz var.
ehveht beer mehktooboonooz vahr

Your ID please.
Kimliğiniz lütfen.
keemleeeeneez lewtfehn

Words

special delivery	özel ulakla	ewzehl oolahklah
by airmail	uçakla	oochahklah

express letter	ekspres mektup	ehksprehs mehktoop
urgent mail	acele posta servisi	ahjehleh postah sehrveesee
registered mail	taahhütlü mektup	tahahhhhewtew mehktoop
domestic letter	yurtiçi mektup	yoort eechee mehktoop
letter abroad	yurtdışı mektup	yoortdıshı mehktoop
to France	Fransa'ya	frahnsahyah
to England	İngiltere'ye	eengeeltehrehyeh
to Holland	Hollanda'ya	hollahndahyah
to Switzerland	İsviçre'ye	eesveechrehyeh
to Austria	Avusturya'ya	ahvoostooryahyah
package	paket	pahkeht
parcel	koli	kolee
money-order	para havalesi	pahrah hahvahlehsee
printed matter	matbu belge	mahtboo behlgeh
special stamp series	özel pul serisi	ewzehl pool sehreesee
to send	göndermek	gewndehrmehk
sender	gönderen	gewndehrehn
address	adres	ahdrehs
to post	postalamak	postahlahmahk
destination	gideceği yer	geedehjeree yehr
postman	postacı	postahjı
envelope	zarf	zahrf
receiver	alıcı	ahlıjı
to stick a stamp	pul yapıştırmak	pool yahpıshtırmahk
weight (in grams)	gramaj	grahmahzh

Telegram - Telgraf

I'd like to send a telegram to Germany.
Almanya'ya bir telgraf çekmek istiyorum.
ahlmahnyahyah beer tehlgrahf chehkmehk eesteeyoroom

Can you give me a telegram form?
Bir telgraf kağıdı verir misiniz?
beer tehlgrahf karıdı vehreer meeseeneez

How long will a telegram to Germany take?
Almanya'ya bir telgraf ne kadar zamanda gider?
ahlmahnyahyah beer tehlgrahf neh kahdahr zahmahndah geedehr

How much is it per word?
Kelimesi kaç lira?
kehleemehsee kahch leerah

Up to ten words it costs 500 TL.
On kelimeye kadar beşyüz Türk lirası.
on kehleemehyeh kahdahr behshyewz tewrk leerahsı.

For more than ten words you have to pay 20 liras for each word
On kelimeden sonra her kelime için yirmi lira ödemek zorundasınız.
on kehleemehdehn sonrah hehr kehleemeh eecheen yeermee leerah urdehmehk zoroondahsınız

Expressions:

prepaid reply telegram	cevaplı telgraf	jehvahplı tehlgrahf
collect telegram	ödemeli telgraf	urdehmehlee tehlgrahf
express telegram	acele telgraf	ahjehleh tehlgrahf
money-order by telegram	telgraf havalesi	tehlgrahf hahvahlehsee
normal telegram	normal telgraf	normahl tehlgrahf
urgent telegram	yıldırım telgraf	yıldırım tehlgrahf

Telephone Call - Telefon Dialogue

- **I'd like to make a telephone call to Germany.**
Almanya'ya telefon etmek istiyorum.
ahımahnyahyah tehlehfon ehtmehk eesteeyoroom.

- **To which city? What's the telephone number?**
- Hangi şehre? Telefon numaranız nedir?
hhahngee shehhhreh. tehlehfon noomahrahnız nehdeer

- **To Munich. The telephone number is 089-47 7033**
Münih'e. Telefon numaram 089-47 7033.
Mewneeheh. tehlehfon noomahrahm 089-47 7033

- **Okay. Please go to telephone booth number three.**
Peki. Lütfen üç numaralı telefon kabinine gidiniz.
pehkee. lewtfehn ewch noomahrahlı tehlehfon kahbeeneeneh geedeeneez.

More Expressions:

Where is the nearest post office?
En yakın postane nerede?
ehn yahkın postahneh nehrehdeh

Where can I make a telephone call?
Nereden telefon edebilirim?
nehrehdehn tehlehfon ehdehbeeleereem

Can I make a call here?
Buradan telefon edebilir miyim?
boorahdahn tehlehfon ehdehbeeleer meeyeem

May I have a token for a short distance call, please?
Şehir içi telefon için bir jeton lütfen?
shehhheer eechee tehlehfon ehcheen beer zhehton lewtfehn

Do you have the directory for Istanbul?
Istanbul telefon rehberiniz var mı?
eestahnbool tehlehfon rehbehreeneez vahr mı

What is the international code number for Ankara?
Ankara'nın otomatik kod numarası nedir?
ahnkahrahnın otomahteek kod noomahrahsı nehdeer

I'd like to make a collect call.
ödemeli görüşmek istiyorum.
urdehmehlee gurrewshmehk eesteeyoroom

The line is busy.
Hat meşgul.
haht mehshgool

There's no answer
Aradığınız numara cevap vermiyor.
ahrahdıınız noomahrah jehvahp vehrmeeyor

The person you're calling isn't here.
Aradığınız kimse burada yok.
ahrahdıınız keemseh boorahdah yok.

Would you please take a message?
Lütfen not alır mısınız?
lewtfehn not ahlır mısınız

Please tell him/her to call me when she/he is back.
Lütfen gelince beni aramasını söyler misiniz?
lwtfehn gehleenjeh behnee ahrahmahsını surylehr meeseeneez

When does the night rate start?
Gece tarifesi ne zaman başlıyor?
gehjeh tahreefehsee neh zahmahn bahshlıyor

Who's speaking?
Kiminle görüşüyorum?
keemeenleh gurrewshewyoroom

May I speak to Ms Canan please?
Canan hanımla görüşebilir miyim lütfen?
jahnahn hahnımlah gurrewshehbeeleer meeyeem lewtfehn

Words

large token	büyük jeton	bewjewk zhehton
regular token	normal jeton	normahl zhehton
telephone directory	telefon rehberi	tehlehfon rehhhbehree
telephone booth	telefon kabini	tehlehfon kahbeenee
telephone number	telefon numarası	tehlehfon noomohrahsı
token	jeton	zhehton

Visiting - Ziyaret
Dialogue

- **Excuse me, is Ms Handan at home?**
- Affedersiniz, Handan hanım evde mi?
ahffehdehrseeneez hhahndahn hhahnım ehvdeh mee

- **No, she isn't. Why do you ask?**
- Hayır, yok. Niçin aradınız?
hhahyır yok. Neecheen ahrahdınız

- **I've come from Germany and I wanted to visit her.**
Almanya'dan geldim ve onu ziyaret etmek istemiştim.
ahlmahnyahdahn gehldeem onoo zeeyahreht ehtmehk eestehmeeshteem

- **Come in, please, She'll be back in a minute.**
- Lütfen içeri buyurun. Biraz sonra gelir.
lewtfehn eechehree booyooroon. beerahz sonrah gehleer

More Expressions:

When will Ms Handan be home?
Handan hanım ne zaman evde olur?
hahndahn hahnım neh zahmahn ehvdeh oloor

She'll be back home in two hours.
İki saat sonra evde olur.
eekee sahaht sonrah ehvdeh oloor

She'll be back home in the evening.
Akşama evde olur.
ahkshahmah ehvdeh oloor

Can I leave a message for her?
Kendisine bir not bırakabilir miyim?
kehndeeseeneh beer not bırahkahbeeleer meeyeem

Welcome!
Hoş geldiniz!
hhosh gehldeeneez

Come in and sit down, please.
Buyurun oturun lütfen.
booyooroon otooroon lewtfehn.

What can I offer you?
Size ne ikram edebilirim?
seezeh neh eekrahm ehdehbeeleereem

Would you like to drink anything?
Bir şey içmek ister misiniz?
beer shay eechmehk eestehr meeseeneez

Mr. Brown sends his regards to you.
Size Bay Brown'ın selamı var.
seezeh bigh brahvnın sehlahmı vahr

Would you like to join us for dinner?
Lütfen akşam yemeğine kalır mısınız?
lewtfehn ahkshahm yehmereeneh kahlır mısınız

Thank you. Let me not disturb you.
Teşekkür ederim. Sizi rahatsız etmeyeyim.
tehshehkkewr ehdehreem. seezee rahhhahtsız ehtmayehyeem

I have to go.
Gitmem gerekiyor.
geetmehm gehrehkeeyor

Thank you for your visit.
Ziyaretiniz için teşekkürler.
zeeyahrehteeneez eecheen tehshehkkewrlehr

Please come and visit us again.
Yine bekleriz / gelin.
yeeneh behklehreez / gehleen

Departures - Veda / Ayrılma
Dialogue

- **Good-bye! (as uttered by someone leaving)**
- Allahaısmarladık!
ahllahhhahısmahrlahdık

- **Good-bye! (as uttered by someone staying behind)**
- Güle güle!
  gewleh gewleh

- **We look forward to seeing you again.**
- Yine bekleriz.
  yeeneh behklehreez

- **We look forward to seeing you, too. Hope to see you soon.**
- Biz de sizi bekleriz. Yakında görüşmek üzere.
  beez deh seezee behklehreez. Yahkındah gurrewshmehk ewzehreh

More Expressions:

A: Good-bye! (In case of two people (A and B) departing)
Hoşçakal!
hoshchahkahl

B: Good-bye!
Hoşçakal / Hoşçakalın!
hoshchahkahl/ın

See you tomorrow.
Yarın görüşmek üzere.
yahrın gurrewshmehk ewzehreh

Good night!
İyi geceler!
eeyee gehjehlehr

Have a nice trip / journey!
İyi yolculuklar!
eeyee yoljoolooklahr

Give my regards to Mr. Hasan.
Hasan Beye benden selam söyleyin.
hahsahn bayeh behndehn sehlahm surylehyeen

Let me take you to the airport.
Sizi havaalanına kadar götüreyim.
seezee hahvahahlahnınah kahdahr gurtewrehyeem

Thank you very much for your kind help.
Zahmetleriniz için teşekkürler.
zahhhmehtlehreeneez eecheen tehshehkkewrlehr

At the Travel Agency - Seyahat Acentası
Dialogue

- I'd like to go to Marmaris.
Marmaris'e gitmek istiyorum.
mahrmahreeseh geetmehk eesteeyoroom

- How long will you stay in Marmaris?
Marmaris'te ne kadar kalacaksınız?
mahrmahreesteh neh kahdahr kahlahjahksınız

- One week.
- Bir hafta.
beer hhahftah

- The price for full-board accommodation for one week is 150.000 TL.
- Bir haftalık tam pansiyon ücreti yüzellibin lira.
beer hhahftahlık tahm pahnseeyon ewjrhtee yewzehlleebeen leerah.

More Expressions:

Can you give me a brochure, please?
Lütfen bir broşür verir misiniz?
lewtfehn beer broshewr vehreer meeseeneez

What places can I visit in Marmaris?
Marmaris'te nereleri gezebilirim?
mahrmahreesteh nehrehlehree gehzehbeeleereem

I'd like to go by plane.
Uçakla gitmek istiyorum.
oochahklah geetmehk eesteeyoroom.

I'd like to go by train.
Trenle gitmek istiyorum.
trehnleh geetmehk eesteeyoroom

I'd like to go by bus.
Otobüsle gitmek istiyorum.
otobewsleh geetmehk eesteyoroom

I'd like to go by boat.
Gemiyle gitmek istiyorum.
gehmeeyleh geetmehk eesteeyoroom

The price for bed and breakfast for a week is 100.000 TL.
Bir haftalık yarım pansiyon ücreti yüzbin lira.
beer hhahftahlık yahrım pahnseeyon ewjrehtee yewzbeen leerah

At the Airport - Havaalanında

I'd like a ticket to Izmir, please.
Izmir'e bir bilet istiyorum lütfen.
eezmeereh beer beeleht eesteeyoroom lewtfehn

When does the plane take off?
Uçak ne zaman kalkıyor?
oochahk neh zahmahn kahlkıyor

Where is the information bureau?
Danışma bürosu nerede?
dahnıshmah bewrosoo nehrehdeh

Is there any delay in flight?
Uçakta rötar var mı?
oochahktah rurtahr vahr mı

Is there any charter flight?
Çarter uçağı var mı?
chahrtehr oocharı vahr mı

What is limit for luggage weight?
Bagaj hakkı ne kadar?
bahgahzh hahkkı neh kahdahr

What is the charge for excess luggage?
Fazla bagaj ücreti ne kadar?
fahzlah bahgahzh ewjrehtee neh kahdahr

The passengers flying to Istanbul are requested to proceed to gate number two.
İstanbul'a gidecek yolcuların iki numaralı çıkış kapısına gelmeleri rica olunur.
eestahnboolah geedehjehk yoljoolahrın eekee noomahrahlı chıkısh kahpısınah gehlmehlehree reecah oloonoor

Is there any transfer during the flight?
Uçakta aktarma var mı?
oochahktah ahktahrmah vahr mı

Are there any flights to Antalya?
Antalya'ya uçak var mı?
ahntahlyahyah oochahk vahr mı

What is the fare for a return ticket to Trabzon?
Trabzon'a gidiş-dönüş bileti ne kadar?
trahbzonah geedeesh-durnewsh beelehtee neh kahdahr

What time do we arrive in Antalya?
Antalya'ya saat kaçta varırız?
ahntahlyahyah sahaht kahchtah vahrırız

On Board the Plane

What's our altitude during flight?
Uçuş yüksekliğimiz ne kadar?
oochoosh yewksehkleemeez neh kahdahr

Where are we now?
Şimdi neredeyiz?
sheemdee nehrehdayeez

What is the name of the lake below?
Aşağıdaki gölün adı ne?
ahsharıdahkee gurlewn ahdı neh?

What time do we arrive in Marmaris?
Marmaris'e ne zaman varırız?
mahrmahreeseh neh zahmahn vahrırız

Arrival - Varış

Where shall I get my luggage?
Bavulumu nereden alacağım?
bahvooloomoo nehrehdehn ahlahjarım

These suitcases are mine.
Bu bavullar benim.
bo bahvoollahr behneem

I can't find my suitcase.
Bavulumu bulamıyorum.
bahvooloomoo boolahmıyoroom

Where should I apply for lost property?
Kayıp eşya için nereye başvurmalıyım?
kahyıp ehshyah eecheen nehrayeh bashvoormahlıyım

TRANSPORTATION

In Turkey there are regular train services to most big cities like Ankara, Istanbul, Izmir, Adana etc. If you travel at night you can travel in the sleeping car. In trains it is possible to have your meals in the dining car. Also there is an efficient system of bus services to big cities and small towns. Travelling by boat is very enjoyable in Turkey. The boats starting out from Istanbul harbor travel along the coasts of the Aegean and the Mediterranean Sea. Boats visit beautiful cities like Izmir, Mersin, Antalya, İskenderun and small towns like Marmaris, Bodrum and Fethiye. Generally boats travel at night and stop at certain touristic spots and organize sightseeing tours to historical places during daytime. Voyages to the Black Sea coast and to European seaports by boat are also available in Turkey.

On the Boat - Gemide/Vapurda
Information - Danışma

I want two first-class tickets to Izmir.
İzmir'e iki kişilik birinci mevki bilet istiyorum.
eezmeereh eekee keesheeleek beereenjee mehvkee beeleht eesteeyoroom

What time does the boat to Izmir depart?
İzmir'e gemi ne zaman kalkıyor?
eezmeereh gehmee neh zahmahn kahlkıyor

What time will the next ferry-boat leave?
Bundan sonraki araba vapuru ne zaman kalkıyor?
boondahn sonrahkee ahrahbah vahpooroo neh zahmahn kahlkıyor

From where will it depart?
Nereden kalkıyor?
nehrehdehn kahlkıyor

Which harbors will it stop at?
Hangi limanlara uğrayacak?
hhahngee leemahnlahran oorrighahjahk

When shall we arrive at Marmaris harbor?
Marmaris limanına ne zaman yanaşacağız?
mahrmahrees leemahnınah neh zahmahn yahnahshahjarız

Are there any sight-seeing tours on land?
Karada çevre gezileri var mı?
kahrahdah chehvreh gehzeelehree vahr mı

Words:

boat/ship	gemi/vapur	gehmee/vahpoor
double cabin	iki kişilik kamara	eekee keesheeleek kahmahrah
exterior cabin	dış kamara	dısh kahmahrah
ferry-boat	feribot	fehreebot
first class	birinci mevki	beereenzee mehvkee
interior cabin	iç kamara	eech kahmahrah
return ticket	gidiş-dönüş bileti	geedeesh durnewsh beelehtee
second class	ikinci mevki	eekeenjee mehvkee
single cabin	tek kişilik kamara	eedee keesheeleek kahmahrah
tourist class	turistik mevki	tooreesteek mehvkee

On Board the Ship - Gemide

Excuse me, where is cabin 3?
Affedersiniz, üç nolu kabin nerede?
ahffehdehrseeneez ewch noloo kahbeen nehrehdeh

Can you change my cabin?
Bana başka bir kamara verebilir misiniz?
bahnah bahshkah beer kahmahrah vehrehbeeleer meeseeneez

Is there a doctor on board?
Gemide bir doktor var mı?
gehmeedeh beer doktor vahr mı

Where is the swimming pool?
Yüzme havuzu nerede?
yewzmeh hhahvoozoo nehrehdeh

What time is dinner served?
Akşam yemeği ne zaman?
ahkshahm yehmeree neh zahmahn

I'd like to talk to the Captain.
Kaptan'la konuşmak istiyorum.
kahptahnlah konooshmahk eesteeyoroom

Please give me a drug for seasickness.
Lütfen bana deniz tutmasına karşı bir ilaç verin.
lewtfehn bahnah dehneez tootmahsınah kahrshı beer eelahch vehreen.

Cabinboy, please bring me a towel.
Kamarot, lütfen bana bir havlu getir.
kahmahrot, lewtfehn bahnah beer hhahvloo gehteer

What's the mains voltage in this boat?
Bu gemide voltaj nedir?
boo gehmeedeh voltahzh nehdeer

Words:

bar	bar	bahr
crew	mürettebat	mewrehttehbaht
deck	güverte	gewvehrteh
hair-dresser's	kuaför	kooahforr
recreation on board	gemide eğlence	gehmeedeh erlehnjeh
reservation	rezervasyon	rehzehrvahsyon
restaurant	restoran	rehstorahn
to anchor/to cast acnchor	demirlemek	dehmeer ahtmahk
to get off	inmek	eenmehk
to leave the harbor	limandan hareket etmek	leehmahndahn hhahrehkeht ehtmehk
to weigh anchor	demir atmak	dehmeer ahtmahk

TRAINS AND BUSES

The national railway network in Turkey can be as efficient as bus services on the Istanbul-Ankara and Ankara-Izmir lines. There are first -and second- class compartments in the trains. All long-distance trains have sleeping and dining cars. There are three major types of trains: **moto (r)tren**/motor(r)trehn/, **ekspres/** ehksprehs and **yolcu treni**/yoljoo trehnee/. Express trains stop only at major stations. There are comfortable air-conditioned intercity bus services all over Turkey. Most people prefer buses for intercity travel especially during summer.

At the Train Station - İstasyonda
Information - Danışma

I would like a first class return ticket to Izmir, please!
İzmir'e birinci mevki bir gidiş-dönüş bileti, lütfen!
eezmeereh beereenjee mehvkee beer geedeesh-durnewsh beelehtee, lewtfehn!

I would like to make a reservation for three persons for Sunday.
Pazar günü için üç kişilik yer ayırtmak istiyorum.
pahzahr gewnew eecheen ewch keesheeleek yehr ighırtmahk eesteeyoroom

Is there any reduction for children?
Biletlerde çocuklar için indirim var mı?
beelehtlehrdeh chocooklahr eecheen eendeereem vahr mı

How much does it cost for a single first class ticket to Istanbul.?
Istanbul'a birinci mevki gidiş bileti ne kadar?
eestahnbool'an beereencee mehvkee geedeeshbeelehtee neh kahdahr

When is the first train to Ankara?
Ankara'ya ilk tren ne zaman?
ahnkahrah'yah eelk trehn neh zahmahn

I want to have a ticket to Bursa at 5 o'clock on Thursday.
Bursa'ya Salı günü saat beş için bir bilet istiyorum.
boorsah'yah sahlı gewnew sahaht behsh eecheen beer beeleht eesteeyoroom

Is the train to Istanbul late?
Istanbul treninde rötar var mı?
eestahnbool trehneendeh rurtahr vahr mı

Which platform does the train to Izmir leave from?
İzmir ıreni hangi perondan kalkıyor?
eezmeer trehnee hhahngee pehrondahn kahlkıyor

Does this train stop in Afyon?
Bu tren Afyon'da durur mu?
boo trehn ahfyondah dooroor mo?

In the Train - Trende

Is this seat free?
Burası boş mu?
boorahsı boşh moo

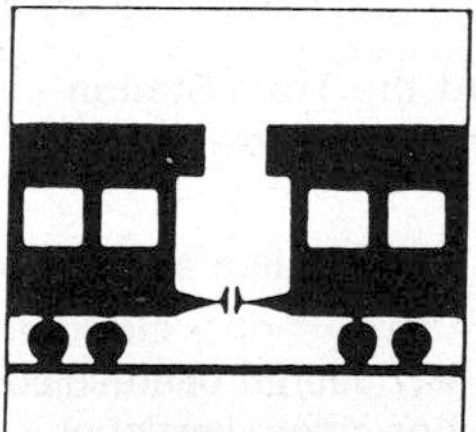

That's my seat.
Burası benim yerim.
boorahsı behneem yehreem

May I close the window?
Pencereyi kapatabilir miyim?
pehnjehrehyee kahpantahbeeleer meeyeem

May I open the window?
Pencereyi açabilir miyim?
pehnjehrehyee ahchahbeeleer meeyeem

Can we change our seats, please?
Yer değiştirebilir miyiz?
yehr dereeshteereehbeeler meeyeez

Tickets, please!
Biletler lütfen!
beelehtlehr lewtfehn

When do we arrive in Ankara?
Ankara'ya ne zaman varıyoruz?
ahnkahrahyah neh zahmahn vahrıyorooz

Where is the dining-car?
Yemekli vagon nerede?
yehmehklee vahgon nehrehdeh

Arrival - Varış

Coud you help me with my bags to the taxi?
Çantaları taksiye taşımama yardım eder misiniz?
chahntahlahrı tahkseeyeh tahshımahmah yahrdım ehdehr meeseeneez

Where is the left-luggage office?
Emanet nerede?
ehmahneht nehrehdeh

Where is the lost-property office?
Kayıp eşya bürosu nerede?
kighıp ehshyah bewrosoo nehrehdeh

I lost my suitcase.
Bavulumu kaybettim.
bahvooloomoo kighbehttem

This is my hotel address.
Otel adresim budur.
otehl ahdrehseem boodoor

Words:

bag	çanta	chantah
bus	otobüs	otobews
compartment	kompartıman	kompahrtmahn
conductor	biletçi	beelehtchee
entrance	giriş	geereesh
exit	çıkış	chıkısh
platform	peron	pehron
railway car/cariage	vagon	vagon
railway station	gar	gahr
reduction	indirim	eendeereem
station	istasyon	eestahsyon
suitcase	bavul	bahvool/vahleez
ticket	bilet	beeleht
window (in the train)	pencere kenarı	pehnjehreh kehnahrı

Push the Button
Düğmeye Basınız
dewrmehyeh bahsınız

Emergency Exit
İmdat Çıkışı/Kapısı
eemdaht chıkıshı/kahpısı

Exit
Çıkış
chıkish

Closed
Kapalı
kahpahlı

Open
Açık
ahchık

Vacant
Boş/Serbest
bosh/sehrbehst

No Smoking
Sigara İçilmez
seegahrah
eecheelmehz

Toilet/s
Tuvalet/ler
toovahleht/lehr

Engaged
Dolu/Meşgul
doloo/mehshgool

Sleeping Car
Yataklı Vagon
yahtahklı vahgon

Emergency Brake
İmdat Freni
eemdaht frehnee

Dining Car
Vagon-Restoran
vahgon rehstorahn

Push
İtiniz
eeteeneez

For Women
Kadınlara
kahdınlahrah

Pull
Çekiniz
chehkeeneez

Do Not Open
Açmayınız
ahchmahyınız

Smoking Area
Sigara İçilir
seegahrah
eecheeleer

For Men
Erkeklere
ehrkehklehreh

It is dangerous to lean out of the window!
Pencereden dışarı sarkmak tehlikelidir!
pehnjehrehden dıshahrı sahrkmahk tehhhleekehleeder

Gents
Baylar
bighlahr

Entrance
Giriş
geereesh

Platform
Peron
pehron

Attention
Dikkat
deekkaht

Ladies
Bayanlar
bighahnlahr

Buses and Dolmuş (a kind of public shuttle service/transportation system in Turkey)
Otobüs ve Dolmuş
otobews ve dolmoosh

Where is the bus stop?
Otobüs durağı nerede?
otobews doorarı nehrehdeh

Is there a dolmuş to Dolmabahçe Palace?
Dolmabahçe Sarayı'na dolmuş var mı?
dolmahbahcheh sahrahyınah dolmooş vahr mı

Which bus goes to Dolmabahçe Palace?
Dolmabahçe Sarayı'na hangi otobüs gidiyor?
dolmahbahcheh sahrahyınah hhahngee otobews geedeeyor

Where are the bus tickets sold?
Otobüs biletleri nerede satılıyor?
otobews beelehtlehree nehrehde sahtılıyor

How much is the dolmuş fare?
Dolmuş ücreti ne kadar?
dolmoosh ewjrehtee neh kahdahr

Where shall I get off to go to Taksim?
Taksim'e gitmek için nerede inmem gerekiyor?
tahkseemeh geetmehk eecheen nehrehdeh eenmehm gehrehkeeyor

Could you tell me when we arrive at Taksim?
Taksim'e gelince söyler misiniz?
tahkseemeh gehleenjeh surylehr meeseeneez

I want to get off at Taksim.
Taksim'de inmek istiyorum.
tahkseemdeh eenmehk eesteeyoroom

Does this bus go to Taksim?
Bu otobüs Taksim'e gidiyor mu?
boo otobews tahkseemeh geedeyor moo

Words:

bus-stop	durak (otobüs durağı)	doorahk
conductor	biletçi	beelehtchee
driver	şoför	shofurr
last stop	son durak	son doorahk
luggage	bagaj	bahgahzh
ticket	bilet	beeleht
ticket office	bilet gişesi	beeleht geeshehsee

In the Tourism Information Office - Turizm Bürosunda
Dialogue

- **Can you recommend a good hotel?**
- Bize iyi bir otel tavsiye eder misiniz?
  beezeh eeyee beer otehl tahvseeyeh ehdehr meeseeneez

- **Does this brochure contain all of the hotels?**
- Bu broşürde bütün otellerin listesi var mı?
  boo broshewrdeh bewtewn otehllehreen leestehsee vahr mı?

- **Are there any sightseeing tours in Istanbul?**
Istanbul'da şehir turları var mı?
eestahnbool'dah shehhheer toorlahrı vahr mı?

- **Yes, there are sightseeing tours and tours by boat in Istanbul.**
- Şehir turları ve vapur gezileri var.
shehhheer toorlahrı veh bahpoor gehzeelehree vahr.

More Expressions

How much does the sightseeing tour cost?
Şehir turu kaç lira?
shehhheer tooroo kahch leerah?

What time do the tours by boat start?
Vapur gezileri saat kaçta başlıyor?
vahpoor gehzeelehree sahaht kachtah bashlıyor?

Is there any tour program here?
Tur programı var mı?
toor prograhlı vahr mı?

Is there an English speaking guide?
İngilizce bilen bir rehber var mı?
eengeeleezjeh beelehn beer rehhhbehr vahr mı?

May I have a city map please?
Bir şehir planı rica edebilir miyim?
beer shehhheer plahnı reejah ehdehbeeleer meeyeem?

Where is the Hitite Museum?
Hitit Müzesi nerededir?
hheeteet mewzehsee nehrehdehdeer?

Asking for Directions - Yol Sorma
Dialogue

- **How can I get the Hittite Museum?**
Hitit müzesine nasıl gidebilirim?
hheeteet mewzehseeneh nahsıl geedehbeeleereem?

- **Go straight ahead, then turn to left.**
- Doğru gidiniz, sonra sola dönünüz.
dorroo geedeeneez, sonrah solah durewnewz.

- **Is it very far from here?**
- Buraya çok uzak mı?
boorighah chok oozahk mı?

- **No. It is about five hundred meters away.**
- Hayır, beş yüz metre kadar ileride.
hhihır, behsh yewz mehtreh kahdahr eelehreedeh.

More Expressions

Turn to the left.
Sola dönünüz.
solah durnewnewz.

This is the shortest way.
En kestirme yol burası.
ehn kehsteermeh yol boorahsı.

Turn to the left at the third corner.
Üçüncü caddeden sola dönünüz.
ewchewnjew jahddehdehn solah durnewnewz.

Go for a short while, then turn right.
Biraz ilerleyiniz. sağa dönünüz.
beerahz eelehrlayeeneez, sarah durnewnewz.

Turn right after crossing the bridge.
Köprüden geçince sağa dönünüz.
kurprewdehn gehcheenjeh sara durnewnewz.

Then, ask someone again.
Sonra, bir kere daha sorunuz.
sonrah beer kehreh dahhhah soroonooz.

You can go there by bus.
Oraya otobüsle gidebilirsiniz.
orighah otobewsleh geedehbeeleerseeneez.

Words

a bit far away	biraz uzak	beerahz oozahk
across	karşıda	kahrshıdah
near, very close	çok yakın	chok yahkın
square	meydan	meydahn
the first avenue	birinci cadde	beereenjee jahddeh
the third building	üçüncü bina	ewchewnjew beenah
the third street	üçüncü sokak	ewchewnjew sokahk

City Tour-Walking - Şehir Turu

We'd like to see the Topkapı Museum.
Topkapı Müzesini görmek istiyoruz.
topkahpı mewzehseeneegurmehk eesteeyorooz.

What time does the museum open?
Müze hangi saatlerde açık?
mewzeh hahngee sahahtlehrdeh ahchık

Is there an English speaking guide?
İngilizce bilen rehber var mı
eengeeleezjeh beelehn rehhhbehr vahr mı?

Can we take photos here?
Burada resim çekebilir miyiz?
boorahdah rehseem chehkehbeeleer meeyeez?

What's the name of this mosque?
Bu caminin adı ne?
boo jahmeeneen ahdı neh?

When and where shall we meet?
Ne zaman nerede buluşuyoruz?
neh zahmahn nehrehdeh boolooshooyorooz?

How long shall we stay at the museum?
Müzede ne kadar kalacağız?
mewzehdeh neh kahdahr kahlahjarız?

When are we going to return?
Ne zaman geri dönüyoruz?
neh zahmahn gehree durnewyorooz?

Are we going to visit any other places?
Başka yerleri de gezecek miyiz?
bahshkah yehrlehree deh gehzehjehk meeyeez?

Would you please take us around?
Lütfen, bizi gezdirir misiniz?
lewtfehn, beezee gehzdeereer meeseeneez?

To which century does this building belong?
Bu bina kaçıncı yüzyıldan kalma?
boo beenah kahchıncı yewzyıldahn kahlmah?

Who painted this painting?
Bu tablo kimin?
boo tahblo keemeen?

When was this mosque built?
Bu cami ne zaman yapılmış?
boo jahmee neh zahmahn yahpılmısh?

Who lived here before?
Burada eskiden kimler yaşamış?
boorahdah ehskeedehn keemlehr yahshamısh?

Who is the architect of this mosque?
Bu caminin mimarı kim?
boo jahmeeneen meemahrı keem?

A magnificent building!
Çok muhteşem bir yapı!
chok moohtehshehm beer yahpı!

Words

ancient coins	eski para	ehskee pahrah
antique	eşya	ahnteekah eshyah
antique-city	antik şehir	ahnteek shehhheer
arch	kemer	kehmehr
archaeology	arkeoloji	ahrkeholozhee
art gallery	sanat galerisi	sahnaht gahlehreesee
artist	sanatkâr	sahnahtkahr
botany	botanik	botahneek
castle	kale	kahleh
cave	mağara	mararah
ceramic	seramik	sehrahmeek
chateau	şato	shahto
exhibition	sergi	sehrgee

fine arts	güzel sanatlar	gewzehl sahnahtlahr
grave/tomb	mezar	mehzahr
hand crafts	el sanatları	ehl sahnahtlahrı
history	tarih	tahreeh
library	kütüphane	kewtewphahneh
mosaic	mozaik	mozaheek
music	müzik	mewzeek
opera house	opera	opehrah
painter	ressam	rehssahm
painting	resim	rehseem
palace	saray	sahrigh
park	park	pahrk
pot	çömlek	churmlehk
pottery	çömlekçilik	churmlehkcheeleek
prehistoric	tarih öncesi	tahreeh urnjehsee
ruins	harabeler	hahrahbehlehr
sculptor	heykeltraş	hhehykehltrahsh
stadium	stadyum	stahdyoom
statue	heykel	haykehl
temple	tapınak	tahpınahk
wall painting/fresco	fresk	frehsk
zoo	hayvanat bahçesi	highvahnat bahhhchehsee

At the Church - Kilisede

Where is the Elmalı Church?
Elmalı Kilise nerededir?
ehlmahlı keeleeseh nehrehdehdeer?

When is the mass?
Ayin ne zaman yapılıyor?
igheen neh zahmahn yahpılıyor?

Where does the priest live?
Papaz nerede oturuyor?
pahpahz nehrehdeh otoorooyor?

May I attend the mass?
Ayine katılabilir miyim?
igheeneh kahtılahbeeleer meeyeem?

We want to walk around the church?
Kiliseyi gezmek istiyoruz.
keeleesayee gehzmehk eesteeyorooz.

Is there a wedding ceremony in the church?
Kilisede nikah yapılıyor mu?
keelesehdeh neekahhh yahpılıyor moo?

Words

Catholic church	Katolik kilisesi	kahtoleek keeleesehsee
cathedral	katedral (baş kilise)	kahtehdrahl (bash keeleeseh)
Christian	hristiyan	hıreesteeyahn
Jewish	yahudi	yahhoodee
Orthodox church	Ortodoks kilisesi	ortodoks keeleesehsee
protestant church	protestan kilisesi	protehstahn keeleesehsee
baptise	vaftiz	vahfteez
bell	çan	chan
bishop	rahip	rahhheep
candle stick	şamdan	shahmdahn
cathedral	katedral (baş klise)	kahtehdrahl (bash keeleeseh)
church tower	kilise kulesı	keeleeseh koolehsee
cross	haç	hach
monastery	manastır	mahnahstır
nun	rahibe	rahhheebeh
pope	papa	pahpah
priest	papaz	pahpahz
rabbi	haham	hahhhahm
sect/denomination	mezhep	mehzhhehp
synagogue	sinagog	seenahgog

MOSQUES

Tourists are permitted to enter the mosques and they may also take photographs if they want to. The floor is covered with carpets in mosques, therefore, it is necessary to take off your shoes when you enter the mosque. In order not to disturb people praying you are expected to be quiet.

Mosque - Cami -

When can we walk around this mosque?
Bu camiyi ne zaman gezeceğiz?
boo jahmeeyee neh zahmahn gehzehbeeleereez?

Can we go up the minaret?
Minareye çıkabilir miyiz?
meenahrayeh chıkahbeeleer meeyeez?

When do the prayers take place?
Namaz ne zaman kılınıyor?
nahmahz neh zahmahn kılınıyor

Can we enter the mosque during the prayers?
Namaz sırasında camiye girebilir miyiz?
nahmahz sırahsındah jahmeeyeh geerehbeeleer meeyeez?

Words

God	Allah	ahllahhh
Moslem religious clerk	hoca	hojah
altar/niche	mihrap	meehrahp
call to prayer	ezan	ehzahn
dome	kubbe	koobbeh
imam	imam	eemahm
minaret	minare	meenahren
moslem	müslüman	mewslewmahn
mosque courtyard	cami avlusu	jahmee ahvloosoo
muezzin	müezzin	mewehzzeen
praying	dua	dooah
rosary	tesbih	tehsbeehh

Recreation - Dinlenme-Eğlenme
Cinema-Theater - Sinema-Tiyatro
Dialogue

- Is there any good movie on at the cinemas?
- Sinemalarda iyi bir filim var mı?
seenehmahlahrdah eeyee beer feeleem vahr mı?

- Rocky is showing at the Akün.
Akün'de Rocky oynuyor.
ahkewn'den rocky oynooyor.

- Who is starring?
- Baş rolde kim oynuyor?
bash roldeh keem oynooyor?

- Stallone.
Stallone.
stahlloneh.

- When does the movie start?
- Film saat kaçta başlıyor?
feeleem sahaht kachtah bahslıyor.

- It starts at two p.m. and half past seven.
- Saat ondörtte ve ondokuzotuzda başlıyor.
Sahaht ondurrtteh veh ondokoozotoozdah bahshlıyor.

More Expressions

Where is the "Büyük Tiyatro"?
Büyük tiyatro nerede?
bewyewk teeyahtro nehrehdeh?

Where can I get the tickets?
Bileti nereden alabilirim?
beelehtee nehrehdehn ahlahbeeleereem?

Are there any tickets for tonight?
Bu akşam için bilet var mı?
boo ahkshahm eecheen beeleht vahr mı?

Three tickets, please.
Lütfen, üç bilet.
lewtfehn, ewch beeleht.

I want to book two places for seven p.m.
Saat ondokuz için iki kişilik yer ayırtmak istiyorum.
sahaht ondokooz eecheen eekee keesheeleek yehr ighırtmahk eesteeyoroom.

Where can I get the program for the theatre?
Tiyatro programını nereden alabilirim?
teeyahtro prograhmını nehrehdehn ahlahbeeleereem?

How much do tickets cost?
Biletler kaç lira?
beelehtlehr kach leerah?

I am sorry, there are no tickets for tonight.
Üzgünüm, bu akşam için bilet kalmadı.
ewzgewnewm boo ahkshahm eecheen beeleht kahlmahdı.

I want a place in the center row.
Orta sıradan bir yer istiyorum.
ortah sırahdahn beer yehr eesteeyoroom.

We only have places at the back.
Sadece arka sıradan yerimiz var.
sahdehjeh ahrkah sırahdahn yehreemeez vahr.

When does the movie end?
Filim saat kaçta bitiyor?
feeleem sahaht kachtah beeteeyor?

Can I see your ticket?
Biletinizi görebilir miyim?
beelehteeneezee gurrehbeeleer meeyeem?

Here is your seat.
Yeriniz burası.
yehreeneez boorahsı.

Where is the cloakroom?
Vestiyer nerede?
vehsteeyehr nehrehdeh?

Words

a good film	iyi bir film	eeyee beer feeleem
back row	arka sıra	ahrkah sırah
balcony	balkon	bahlkon
comedy	komedi	komehdee
director	yönetmen/rejisör	yurnehtmehn/ rehzheesurr
evening showing	suare	suahreh
film star	artist	ahrteest
front row	ön sıra	urn sırah
matinee	matine	mahteeneh
musical	müzikal oyun	mewzeekahl oyoon
tragedy	dram	drahm

Opera, Balet, Concert - Opera, Bale, Konser

What is being performed at the opera tonight?
Operada bu akşam ne var?
opehrahdah boo ahkshahm neh vahr?

Who is singing?
Kim söylüyor?
keem surylewyohr?

What pieces are they playing?
Hangi eserleri çalıyorlar?
hhahngee ehsehrlehree chahlıyorlahr?

Who is the conductor of the orchestra?
Orkestra şefi kim?
orkehstrah shehfee keem?

Where is the concert hall?
Konser salonu nerede?
konsehr sahlonoo nehrehdeh?

At what time does the ballet start?
Bale saat kaçta başlıyor?
bahlet sahaht kahchtah bahslhlıyor?

Words

ballerina	balerin	bahlehreen
ballet	bale	bahleh
composer	besteci	behstehjee
male ballet dancer	balet	bahleht
operatta	operet	opehreht
solist	solist	soleest
symphony concert	senfoni konseri	sehnfonee konsehree

Night Club - Gece Kulübü

Can you suggest a good night clup?
Bana iyi bir gece kulübü tavsiye eder misiniz?
bahnah eeyee beer gehjeh koolewbew tahvseeyeh ehdehr meeseeneez?

Who are the singers on the program?
Programda hangi sanatçılar var?
prograhmdah hahngee sahnahtchılahr vahr?

When does the program start?
Program ne zaman başlıyor?
prograhm neh zahmahn bahshlıyor?

I want to reserve a table for three persons.
Üç kişilik bir masa ayırtmak istiyorum.
ewch keesheeleek beer mahsah ahyırtmahk eesteeyoroom.

My name is Hans, I had a table reserved for three persons.
Adım Hans, üç kişilik bir masa ayırtmıştım.
Ahdım Hhans, ewch keeseeleek beer mahsah ighırtmıshtım.

I phoned you previously.
Size daha önce telefon etmiştim.
seezeh dahhhah urnjeh tehlehfon ehtmeeshteem.

Dancing, Making Friends - Dans, Arkadaşlık
Dialogue

- **Would you (please) dance with me?**
- Benimle dans eder misiniz?
  behneemleh dahns ehdehr meeseeneez?

- **Certainly, with pleasure.**
- Tabii, memnuniyetle.
  tahbeeee, mehmnooneeyehtleh.

- **What is your occupation?**
- Ne iş yapıyorsunuz?
  Neh eesh yahpıyorsoonooz?

- **I'm a teacher.**
- Öğretmenim.
  urrehtmehneem.

- **You dance very well.**
- Çok güzel dans ediyorsunuz.
  Chok gewzehl dahns ehdeeyorsoonooz.

- **Thank you. So do you.**
- Teşekkür ederim, siz de öyle.
  Tehshehkkewr ehdehreem, seez deh uryleh.

More Expressions

Is there a discotheque here?
Burada diskotek var mı?
boorahdah deeskotehk vahr mı?

Where can we go to dance?
Dans etmeye nereye gidebiliriz?
dahns ehtmayeh nehrayeh geedehbeeleereez?

Shall we dance once more?
Bir kere daha dans edelim mi?
beer kehreh dahhhah dahns ehdehleem mee?

You're very beatiful.
Çok güzelsiniz.
chok gewzehlseeneez.

This dress fits you nicely.
Bu elbise size çok yakışmış.
boo ehlbeeseh seezeh chok yahkıshmısh.

May I ask you to go out for a meal?
Sizi yemeğe davet edebilir miyim?
seezee yehmehreh dahveht ehdehbeeleer meeyeem?

Where are you staying?
Nerede kalıyorsunúz?
nehrehdeh kahlıyorsoonooz?

Are you alone here?
Burada yalnız mısınız?
boorahdah yahlnız mısınız?

I am with my spouse
Eşimle beraberim.
ehsheemleh behrahbehreem.

What are you doing here?
Burada ne yapıyorsunuz?
boorahdah neh yahpıyorsoonooz?

I'm on holiday.
Tatildeyim.
tahteeldayeem.

May I see you at the hotel tomorrow?
Sizi yarın otelden arayabili miyim?
seezee yahrın otehldehn ahrighahbeeleer meeyeem?

May I call you?
Size telefon edebilir miyim?
seezeh tehlehfon ehdehbeeleer meeyeem?

What is your phone number?
Telefon numaranız kaç?
tehlehfon noomahrahnız kahch?

May I take you home?
Sizi evinize götürebilir miyim?
seezee ehveeneezeh gurtewrehbeeleer meeyeem?

Could we get together tomorrow night/evening?
Yarın akşam birlikte olabilir miyiz?
yahrın ahkshahm beerleekteh olahbeeleer meeyeez?

Where shall we meet tomorrow?
Yarın nerede buluşuyoruz?
yahrın nehrehdeh boolooshooyorooz?

Thanks for the nice evening.
Bu güzel akşam için teşekkürler.
boo gewzehl ahkshahm eecheen tehshehkkewrlehr.

When can we meet again?
Tekrar ne zaman görüşebiliriz?
tehkrahr neh zahmahn gurrewshehbeeleereez?

Words

invitation to a party	partiye davet	pahrteeyeh dahveht
invitation to a house	eve davet	ehveh dahveht
with my family	ailemle	aheelehmleh
with my friend	arkadaşımla	ahrkahdashımlah

Chess, Playing Cards, - Satranç, Kağıt Oyunları,
Backgammon - Tavla
Dialogue

- Do you play chess?
Satranç oynar mısınız?
sahtrahnch oynahr mısınız?

- No, I don't know how to play chess.
- Hayır, satranç bilmiyorum.
hhighır, sahtrahnch beelmeeyoroom.

- Do you play cards?
Kağıt oynar mısınız?
karıt oynahr mısınız?

With pleasure. I prefer to play poker.
- Memnuniyetle, pokeri tercih ederim.
mehmnooneeyehtleh, pokehree tehrjeeh ehdehreem.

Words

a card game	konken	konkehn
a card game	okey	okay
a card game	pişti	peeshtee
ace	as	ahs
backgammon	tavla	tahvlah
bishop	fil	feel
blacksquare	siyah kare	seeyahh kahreh
bridge	briç	breech
castle (rook)	kale	kahleh
checkers	dama	dahmah
checkmate	mat	maht
clubs	sinek	seenehk

diamonds	karo	kahro
deal	dağıtmak	darıtmahk
fifty one	ellibir	ehlleebeer
hearts	kupa	koopah
jack/valet	vale	vahleh
joker	joker	zhokehr
king (chess)	şah	shahhh
king (cards)	papaz	pahpahz
knight	at	aht
pawn	piyon	peeyon
playing cards	kağıt, iskambil oyunu	karıt, eeskahmbeel oyoonoo
queen (cards)	kız	kız
queen (chess)	vezir	vehzeer
shuffle	karıştırmak	kahrıshtırmahk
spades	maça	mahchah
to divide	kesmek	kehsmehk

SPORTS

There is a center of winter sports at Uludağ in Bursa. If you wish you can take part in various kinds of winter sports there.

Sports - Spor

Which sports can I do here?
Burada hangi sporları yapabilirim?
boorahdah hhahngee sporlahrı yahpahbeleereem?

Which sports contests are there here?
Burada hangi spor gösterileri var?
boorahdah hahngee spor urstehreelehree vahr?

Is there a golf course here?
Burada golf sahası var mı?
boorahdah golf sahhhahsı vahr mı?

I would like to see the football game.
Futbol maçını görmek istiyorum.
footbol mahchını gurrmehk eesteeyoroom.

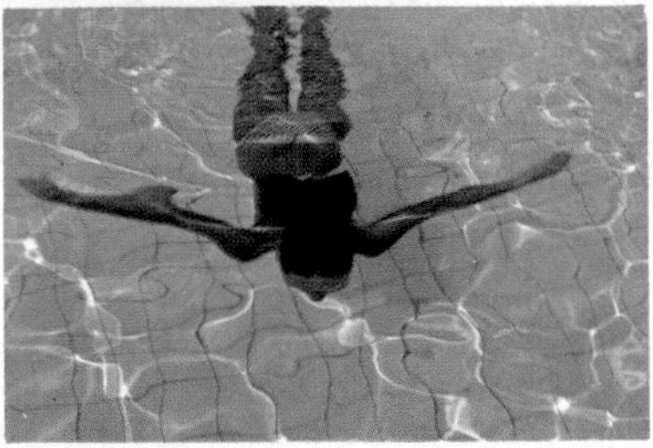

When and where will the race be?
Yarış ne zaman, nerede olacak?
yahrısh neh zahmahn, nehrehdeh olahjahk?

May I hire some clubs?
Golf sopası kiralayabilir miyim?
golf sopahsı keerahlighahbeeleer meeyeem?

I would like to do water-skiing
Su kayağı yapmak istiyorum.
soo kigharı yahpmahk eesteeyoroom.

Where can we fish here?
Burada nerede balık avlayabiliriz?
boorahdah nehrehdeh bahlık ahvlighahbeeleereez?

I would like to take some skiing lessons.
Kayak dersleri alabilir miyim?
kihahk dehrslehree ahlahbeeleer meeyeem?

Is there any place to ski?
Kayak yapabileceğimiz bir yer var mı
kighahk yahpahbeelehjehreemeez beer yehr vahr mı?

What is the admission fee?
Giriş ücreti ne kadar?
geereesh ewjrehtee neh kahdahr?

How much does it cost per day?
Günlüğü ne kadar?
gewnlewrew neh kahdahr?

What is the charge per hour?
Bir saati ne kadar?
beer sahahtee neh kahdahr

I would like to join a yacht-tour.
Bir yat turuna katılmak istiyorum.
beer yaht tooroonah kahtılmahk eesteeyoroom

Do I need a permit?
Avlanma ruhsatına gerek var mı?
ahvlahnmah roohhsahtınah gehrehk vahr mı

More Expressions

basketball game	basketbol macı	bahskehtbol mahchı
boots	çizme	cheezmeh
clubs	golf sopası	golf sopahsı
fishing-line	misine	misineh
fishing-rod	olta sopası	oltoh sopahsı
game/match	maç	mahch
golf course	golf sahası	golf sahhahsı
hand-ball game	hentbol maçı	volaybol mahchı
hook	olta	oltah
ice-skating	buz pateni	booz pahtehnee
mountain	dağ	dar
poles	kayak sopası	kighahk sopahsı
race	yarış	yahrısh
race course/track	hipodrom	heepodrom
sea	deniz	dehneez
skating rink	patinaj sahası	pahteenahzh sahhahsı
ski-platform	kayak pisti	kighahk peestee
skiing equipment	kayak takımı	kighahk tahkımı
skis	kayak	kighahk
sled	kızak	kızahk
swimming pool	yüzme havuzu	yewzmeh hahvoozoo
tennis court	teniz kortu	tehnees kortoo
volleyball game	voleybol maçı	volaybol mahchı

AT THE BEACH

Swimming Pool-Beach - Yüzme Havuzu-Plaj

Is there an indoor swimming pool here?
Burada kapalı bir yüzme havuzu var mı?
boorahdah kahpahlı beer yewzmeh havoozoo vahr mı

I'd like a ticket for a bathing cabin, please!
Kabinli bir giriş bileti lütfen!
kahbeenlee beer geeresh beelehtee lewtfehn

How far are we allowed to swim?
Ne kadar açılabiliriz?
neh kahdahr ahcılahbeeleereez

Is there a lifeguard?
Cankurtaran var mı?
jahnkoortahrahn vahr mı

I'd like to hire a rowing-boat.
Bir kayık kiralamak istiyorum.
beer kighık keerahlahmahk eesteeyoroom

Where can I hire a boat?
Nereden bir sandal kiralayabilirim?
nehrehdehn beer sahndahl keerahlıyahbeeleereem

Can one swim in this river?
Bu nehirde yüzülür mü?
boo nehheerdeh yewzewlewr mew

Is swimming permitted in the sea?
Burada denize girilir mi?
boorahdah dehneezeh geereeleer mee

Words

bathing hut/cabin	kabin	kahbeen
boat	sandal	sahndahl
deck-chair	şezlong	shehzlong
hot-springs/public baths	kaplıca hamamı	kahplıjah hahmahmı
motorboat	deniz motoru	dehneez motoroo
outdoor swimming pool	açık yüzme havuzu	ahchık yewzmeh hahvoozoo
rowing-boat	kayık	kighık
sailing-boat	yelkenli	yehlkehnlee
water ski	su kayağı	soo kigharı

No swimming!

Yüzmek yasaktır!

Open to good swimmers only!

Yalnız yüzme bilenlere!

Swimming in the sea is forbidden!

Denize girmek yasaktır!

Journey by Car - Arabayla Yolculuk

How can we get to Marmaris?
Marmaris'e nasıl gidebiliriz?
mahrmahreeseh nahsıl geedehbeeleereez

Can you please show me the road on the map?
Lütfen bana haritada yolu gösterir misiniz?
lewtfehn bahnah hahreetahdah yoloo gurstehreer meeseeneez

How far is Antalya from here?
Antalya ne kadar uzaklıkta?
ahntahlyah neh kahdahr oozaahklıktah

Excuse me, is this the road to Bodrum?
Affedersiniz, Bodrum'a giden yol bu mu?
ahffehdehrseeneez, bodroomah geedehn yol boo moo

Is this a one-way street?
Bu yol tek yönlü mü?
boo yol tehk yurnlew mew

Am I on the right road?
Doğru yolda mıyım?
dorru yoldah mıyım

How can I get to the highway to Izmir?
İzmir'e giden otoyola nasıl çıkabilirim?
eezmeereh geedehn otoyolah nahsıl chıkahbeeleereem

Go straight ahead up to Menemen
Menemen'e kadar dosdoğru gidin.
mehmenmehneh kahdahr dosdorru geedeen

Turn left a hundred meters ahead.
Yüz metre ileriden sola dönün.
yewz mehtreh eelehreedehn solah durnewn

You're on the wrong road, go back about 8 Km.
Yanlış yoldasınız, sekiz kilometre kadar geri gidin.
yahnlısh yoldahsınız, sehkeez keelomehtreh kahdahr gehree geedeen

You exceeded the speed limit.
Hız sınırını geçtiniz.
hız sınırını gehchteeneez

You're driving/going too fast.
Çok hızlı sürüyorsunuz/gidiyorsunuz.
chok hızlı sewrewyorsoonooz/geedeeyorsoonooz

Your driver's licence, please.
Ehliyetiniz lütfen.
ehhleeyehteeneez lewtfehn

Words

ahead	ileriye	eelehreeyeh
bend	viraj	veerahzh
bicycle	bisiklet	beeseekleht
bridge	köprü	kurprew
bus	otobüs	otobews
car	araba	ahrahbmah
car/automobile	otomobil	otomobeel
down below	aşağıda	ahsharıda
give way (yield)	yol vermek	yol vehrmehk
hitch-hiking	otostop	otostop
identity card	hüviyet/kimlik	hewyeeyeht/keemleek
intersection/junction crossroads	kavşak	kahvshahk
licence	ruhsat	roohsaht
maximum speed	azami sürat	ahzahmee sewraht
motorcycle	motorsiklet	motorseekleht
on the left side	sollamak yasaktır	sollahmahk yahsahktır
pass/crossing/passage	geçit	gehcheet
passport	pasaport	pahsahport
pedestrian crossing	yaya geçidi	yahyah gehcheedee
private car	özel oto	urzehl oto
small truck	kamyonet	kahmyoneht
street	cadde	jahddeh
to brake	fren yapmak	frehn yahpmahk
to change the way	sapmak	sahpmahk
to go slowly	yavaş gitmek	yahvahsh geetmehk
to overtake a car	sollamak	sollahmahk
to park	park etmek	pahrk ehtmehk
to stop	durmak	doonmahk
to the left	sola	solah
to the right	sağa	sarah
to turn	dönmek	durnmehk
traffic lights	trafik lambası	trahfeed lahmbahsı

traffic police	trafik polisi	trahfeed poleesee
trailer	römork	rurmork
truck	kamyon	kahmyon
two-way traffic	çift yönlü yol	cheeft yurnlew yol
vehicle	taşıt	tahshıt
vehicle entrance	taşıt girişi	tahshıt geereeshee

At the Filling Station - Benzincide
Dialogue

- **I'd like some petrol, please.**
- Arabama benzin doldurtmak istiyorum.
ahrahbahmah behnzen doldoortmahk eesteeyoroom

- **How much?**
- Ne kadar?
neh kahdahr

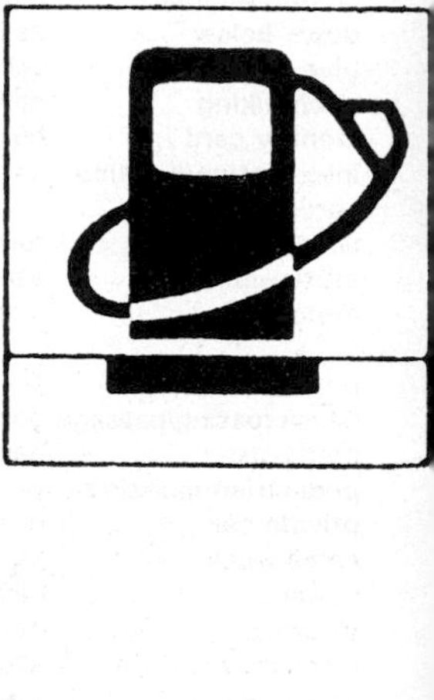

- **Fill'er up, please!**
- Depoyu doldurun lütfen!
dehpoyoo doldooroon lewtfehn

- **Standard or premium**
Normal mi yoksa süper mi?
normahl mee yoksah sewpehr mee

- **Premium, please!**
Süper lütfen!
sewpehr lewtfehn

Expressions

Where is the nearest filling station?
En yakın benzin istasyonu nerdedir?
ehn yahkın behnzeen eestahsyono nehrehdehdeer

I want ten litres of premium.
On litre süper benzin istiyorum.
on leetreh sewpehr behnzeen eesteeyoroom

I'd like to fill a quarter of the petrol tank.
Çeyrek depo doldurtmak istiyorum.
chayrehk dehpo doldoortmahk eesteeyoroom

I'd like to fill half of the petrol tank.
Deponun yarısını doldurtmak istiyorum.
dehponoon yahrısını doldoortmahk eesteeyoroom

Please give me 10 thousand liras worth of standard petrol (gas)!
Lütfen bana onbin liralık normal benzin verin!
lewtfehn bahnah onbeen leerahlık normahl behnzeen vehreen

Would you please check the tires?
Lastikleri kontrol eder misiniz lütfen?
lahsteeklehree kontrol ehdehr meeseeneez lewtfehn

Give me 2 litres of oil, please.
İki litre yağ verin lütfen.
eekee leetreh yar vehreen lewtfehn

Will you change the oil?
Yağı değiştirir misiniz?
yarı dereeshteereeer meeseeneez

I'd like to get the car washed.
Arabayı yıkatmak istiyorum.
ahrahbahyı yıkahtmahk eesteeyoroom

Will you clean the windscreen?
Ön camı temizler misiniz?
urn jahmı tehmeezehr meeseenez

Have you got a road map of this region?
Bu bölgenin bir yol haritası var mı?
boo burlgehneen beer yol hahreetahsı vahr mı

Where are the toilets?
Tuvaletler nerede?
toovahlehtlehr nehrehdeh

Words

antifreeze	antifriz	ahnteefreez
brake fluid	hidrolik yağı	heedroleek yarı
diesel fuel	mazot	mahzot
drum for gas/petrol	benzin bidonu	behnzeen beedonoo
gas/petrol tank	benzin deposu	behnzeen dehposoo
gas/petrol/filling station	benzin istasyonu	behnzeen eestahsyonoo
radiator water	radyatör suyu	rahdyahturr sooyoo
spare tire	yedek lastik	yehdehk lahsteek
sparking plugs	bujiler	boozheelehr
tire pressure	lastiklerin havası	lahsteeklehreen hahvahsı

Parking - Park Etme

Where can I leave the car?
Arabayı nereye bırakabilirim?
ahrahbahyı nehrehyeh bırahkahbeeleereem

Is there a car park nearby?
Yakında bir park yeri var mı?
yahkındah beer pahrk yehree vahr mı

Is there any place to park?
Park edecek yer var mı?
pahrk ehdehjehk yehr vahr mı

Can I park there?
Oraya park edebilir miyim?
orahyah pahrk ehdehbeeleer meeyeem

How long may I park here?
Burada ne kadar süreyle park edebilirim?
boorahdah neh kahdahr sewrayleh pahrk ehdehbeeleereem

Is the garage open all night?
Garaj bütün gece açık mı?
gahrahzh bewtewn gehjeh ahchık mı

What's the charge for parking here?
Buranın park ücreti nedir?
boorahnın pahrk ewjrehtee nehdeer

No Parking!
Buraya park etmek yasaktır!
boorahyah pahrk ehtmehk yahsahktır

Breakdown on the Road - Yolda Arıza
Dialogue

- **My car has broken down.**
- Arabam arıza yaptı.
  ahrahbahm ahrızah yahptı

- **What's wrong with it?**
- Arıza nerede?
  ahrızah nehrehdeh

- **I don't know what's wrong with it.**
- Arızanın ne olduğunu bilmiyorum.
  ahrızahnın neh oldoonoo beelmeeyoroom

- **Where is your car?**
- Arabanız nerede?
  ahrahbahnız nehrehdeh

- **It's on the E-5 highway a hundred kms. away from Istanbul.**
  E-5 karayolunda İstanbul'a yüz kilometre mesafede.
  eh-behsh kahrahyoloondah eestahnboolah yewz keelomehtreh mehsahfehdeh

More Expressions

Where is the nearest garage?
En yakın tamirhane nerede?
ehn yahkın tahmeerhahneh nehrehdeh

Can we call the garage?
Tamirhaneye bir telefon edebilir miyiz?
tahmeerhahnehyeh beer tehlehfon ehdehbeeleer meeyeez

Can you send a truck to tow my car?
Bir kurtarma arkacı gönderebilir misiniz?
beer koortahrmah ahrahjı gurndehrehbeeleer meeseeneez

Can you pull my car?
Arabamı çekebilir misiniz?
ahrahbahmı chehkehbeeleer meeseeneez

Can you help me?
Bana yardım edebilir misiniz?
bahnah yahrdım ehdehbeeleer meeseeneez

Can you give me some petrol?
Bana biraz benzin verebilir misiniz?
bahnah beerahz behnzeen vehrehbeeleer meeseeneez

My plate number is ....
Arabamın plaka numarası ....
arahbahmın plahkah noomahrahsı ....

At the Garage - Tamirhanede
Dialogue

- **What's wrong with it?**
- Arabanın neresi arızalı?
  ahrahbahnın nehrehsee ahrızahlı

- **There is something wrong with the engine**
  Motorda arıza var.
  motordah ahrızah vahr

- **How long will it take to repair?**
- Tamiri ne kadar sürer?
  tahmeeree neh kahdahr sewrehr

- **It will take two days.**
- İki gün sürer.
  eekee gewn sewrehr

- **Can't you possibly repair it earlier than that?**
- Daha kısa sürede tamir etmeniz mümkün değil mi?
  dahhah kısah sewrehdeh tahmeer ehtmehneez mewmkewn dereel mee

- **I'm afraid I can't.**
- Maalesef mümkün değil.
  mahahlehsehf mewmkewn dereel.

More Expressions

Have you found the trouble?
Arızayı buldunuz mu?
ahrızahyı booldoonooz moo

Is the trouble serious?
Arıza önemli mi?
ahrızah urnehmlee mee

The exhaust pipe is broken.
Egzost borusu kırık.
ehgzost boroosoo kırık

Can you repair it?
Tamir edebilir misiniz?
tahmeer ehdehbeeleer meeseeneez

Do you have spare parts for this car?
Bu araba için yedek parçanız var mı?
boo ahrahbah eecheen yehdehk pahrchahnız vahr mı

How long will it take to get the spare parts?
Yedek parçalar ne kadar zamanda gelir?
yehdehk pahrchahlahr neh kahdahr zahmahndah gehleer

It's short-circuiting.
Kısa devre yapıyor.
kısah dehvreh yahpıyor

It's misfiring.
Motor tekliyor.
motor tehkleeyor

It's overheating.
Çok ısınıyor.
chok ısınıyor.

The exhaust pipe is noisy.
Egzost borusu ses yapıyor.
ehgzost boroosoo sehs yahpıyor

The wipers are not functioning.
Silecekler çalışmıyor.
seelehjehklehr chahlıshmıyor

The tire is skidding.
Lastik patinaj yapıyor.
lahsteek pahteenahzh yahpıyor

The tires are worn.
Lastikler aşınmış.
lahsteeklehr ahshınmısh

The fan belt is too slack.
Vantilatör lastiği çok gevşek.
vahnteelahturr larsteeee çhok gehvshehk

The radiator is leaking.
Radyatör kaçak yapıyor.
rahdyahturr kahchahk yahpıyor

I'd like maintenance and lubrication service.
Bakım ve yağlama yapılmasını istiyorum.
bahkım veh yahlahmah yahpılmahsını eesteeyoroom

The rods should be adjusted and the wheels balanced.
Rot ve bahans ayarı yapılması gerek.
rot ve bahlahns ihgahrı yahpılmahsı gehrehk

The clutch engages too quickly.
Debriyaj çok çabuk kavrıyor.
dehbreeyahzh chok chahbook kahvrıyor

The shock absorbers are weak.
Amortisörler yetersiz.
ahmorteesurrlehr yehtehrseez

The brakes have to be adjusted.
Frenlerin ayarlanması gerekiyor.
frehnlehreen ighahrlahnmahsı gehrehkeeyor

Where can I get my car washed?
Arabamı nerede yıkatabilirim.
ahrahbahmı nehrehdeh yıkahtahbeeleereem

Please clean my car.
Lütfen arabamı temizleyin.
lewtfehn ahrahbahmı tehmeezlehyeen

Please clean the windows.
Lütfen camları temizleyin.
tewtfehn jahmlahrı tehmeezlehyeen

Have you finished fixing the car?
Arabanın tamiri tamam mı?
ahrahbahnın tahmeeree tahmahm mı

How much do I owe you?
Borcum ne kadar?
borjoom neh kahdahr

Thank you very much for your help.
Yardımlarınız için çok teşekkürler.
yahrdımınız eecheen chok tehshehkkewrlehr

Words

air filter	hava filtresi	hahvah feeltrehsee
automatic transmission	otomatik vites	otomahteek veetehs
battery	akü	ahkew
battery cells	akü gözleri	ahkew guzlehree
battery fluid	akü suyu	ahkew sooyoo
blown	atmış	ahtmısh
brake	fren	frehn
brake lights	fren lambaları	frehn lahmbahlahrı
broken	kırık	kırık
bulbs	ampüller	ahmpewlehr
burnt	yanmış	yahnmısh
cabies	kablolar	kahblolahr
caburettor	karbüratör	kahrbewrahturr
camshaft	eksantrik mili/kamalı mil	ehksahntreek meelee kahmahl meel
clutch	debriyaj	dehreeyahzh
clutch pedal	debriyaj pedalı	dehbreeyahzh pehdahlı
clutch plate	debriyaj diski	dehbreeyahzh deeskee
condenser	meksefe	mehksehfeh
connection	bağlantı	bahlahntı
contact	kontak	kontahk
cooling sytem	soğutma tertibatı	sooootmah tehrteebahtı
corroded	aşınmış	ahshınmısh
cracked	çatlak	chahtlahk
crankcase	üst karter	ewst kahrtehr
cylinder	silindir	seeleendeer
cylinder head	silindir kapağı	seeleendeer kahparı
cylinder head gasket	silindir kapak contası	seeleendeer kahpahk jontahsı
defective	arızalı	ahrızahlı
diconnected	ayrılmış	ighrılmısh
dimmers/dip switch	selektör	sehlehkturr

AT THE GARAGE

dirty	kirli	keerlee
distilled water	arı su/saf su	ahrı soo/sahf soo
distributor	distribütör	deestreebewturr
distributor leads	distribütör kapağı	deestreebewturr kahparı
dry	susuz	soosooz
dynamo (generator)	dinamo	deenahmo
electrical system	elektrik tertibatı	ehlehktreek tehrteebahtı
engine	motor	motor
exhaust	egzost	ehgzost
fan	vantilatör	vahnteelahturr
fan-belt	vantilatör kayışı	vahnteelahturr kighıshı
filter	filtre	feeltreh
float	şamandıra	shahmahndırah
frozen	donmuş	donmoosh
fuel pump	yakıt pompası	yahkıt pompahsı
fuel tank	yakıt deposu	yahkıt dehposoo
gear box		
gears	vitesler	veetehslehr
hand/parking brake	el freni	ehl frehnee
headlights	farlar	fahrlahr
heating	kalorifer	kahloreefehr
high	yüksek	yewksehk
horn	klakson	klahkson
ignition coil	endüksiyon bobini	ehndeekseeyon bobeenee
ignition system	ateşleme sistemi	ahtehshlehmeh seestehmee
indicator	sinyal kolu	seenyahl koloo
injection pump	enjeksiyon pompası	ehnzhehkseeyon pompahsı
It's... bad/out of order	bozuk	bozook
jammed/stuck	sıkışmış	sıkıshmısh
joint	conta	jontah
knocking	vuruyor	voorooyor
crankshaft	krank mili	khahnk meelee
lining and covering	balata	bahlahtah
loose	gevşek	gehvshehk
low	alçak	ahlchahk
lubrication system	yağlama tertibatı	yahlahmah tehrteebahtı
mainbearings	krank yatakları	krahnk yahtahklahrı
misfiring	tekliyor	tehkleeyor
overheating	çok ısınıyor	chok ısınıyor

petrol filter	benzin filtresi	behnzeen feeltrehsee
petrol pump	benzin pompası	behnzeen pompahsı
piston	piston	peeston
piston rings	segmanlar	sehgmahnlahr
playing	oynuyor	oynooyor
points	platinler	plahteenlehr
pump	pompa	pompah
punctured	delik/patlak	dehleek/pahtlahk
rack and pinion	makara	mahkahrah
radiator	radyatör	rahdyahturr
rear (tail) lights	arka lambalar	ahrkah lahmbahlahrı
reflectors	reflektörler	rehflehkturrlehr
seat	koltuk	koltook
shaft	saft	shahft
shock absorber	amortisör	ahmorteesurr
sparking plugs	bujiler	boozheelehr
sparking plugs leads	buji başlıkları	boozhee bahshlıklahrı
speedometer	hız göstergesi	hız gurstehrgehsee
springs	yaylar	yighlahr
stabilizer	stabilizatör	stahbeeleezahturr
starter	marş motoru	mahrsh motoroo
starter armature	endüvi	ehndewvee
steering box	direksiyon kutusu	deerehkseeyon kootoosoo
steering column (post)	direksiyon mili	deerehkseeyon meelee
steering wheel	direksiyon	deerehkseeyon
steering	direksiyon tertibatı	deerehkseeyon tehrteebahtı
stems	külbütör	kewlbewturr
suspension	suspansiyon	soospahnseeyon
teeth	dişler	deeshlehr
thermostat	termostat	tehrmostaht
to balance	balans ayarı yapmak	bahlahns ighahrı yahpmahk
to charge	doldurmak	doldoormahk
to clean	temizlemek	tehmeezlehmehk
to leak/to bleed	sızmak	sızmahk
to loosen	gevşetmek	gehvshehtmehk
to reline	balataları değiştirmek	bahlahtahlahrı deheeshteermehk
to tighten	sıkıştırmak	sıkışhtırmahk
track rod ends	kısa rot başları	kısah rot bahshlahrı
transmission	vites	veetehs
turn signal	sinyal	seenyahl
valve	supap	soopahp

valve spring	supap yayı	soopahp yighı
warped	eğrilmiş	ehreelmeesh
water pump	su pompası	soo pompahsı
weak	zayıf	zighif
wheels	tekerlekler	tehkehlehklehr
wipers	silecekler	seelehjehklehr
worn	yıpranmış	yıprahnmısh

An Accident - Kaza
Dialogue

- **There's been an accident!**
- Bir kaza oldu!
  Beer kahzah oldoo

- **Where did it happen?**
- Kaza nerede oldu?
  kahzah nehrehdeh oldoo

- **It's about 20 km. from Izmir.**
  İzmir'e yirmi kilometre mesafede.
  eezmeereh yeermee keelomethreh mehsahfehdeh

- **Has anyone died?**
- ölen var mı?
  urlehn vahr mı

- **No, there are no casualties, but there are two people wounded/injured.**
- Hayır, ölen yok ama iki yaralı var.
  hahyır, urlehn yok ahmah eekee yahrahlı vahr.

Expressions

Please, inform/call the police!
Lütfen polise haber verin!
lewtfehn poleeseh hahbehr vehreen

Where is the nearest telephone?
En yakın telefon nerede?
ehn yahkın tehlehfon nehrehdeh

Please call an ambulance quickly.
Acele bir ambülans çağırın lütfen.
ahjehleh beer ahmboolahns charırın lewtfehn.

My firiend is seriously hurt/injured/wounded.
Arkadaşım ağır yaralı.
ahrkahdahshım arır yahrahlı

Do not move the injured.
Yaralıları kımıldatmayın.
yahrahlılahrı kımıldahtmighın

Help me get the injured out of the car.
Yaralıları arabadan çıkarmama yardım edin.
yahrahlılahrı ahrahbahdahn chıkahrmahmah yahrdım ehdeen

My name is James Brown.
Adım James Brown.
ahdım jaymees brahwn

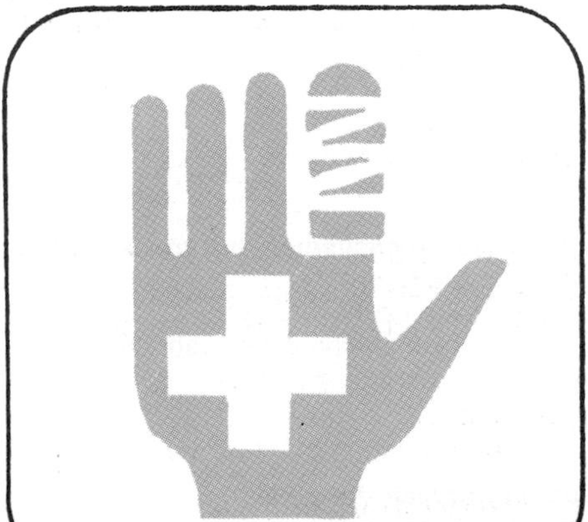

ACCIDENTS

Please give me your name, address and insurance number.
Lütfen bana adınızı, adresinizi ve sigorta numaranızı verin.
lewtfehn bahnah ahdınızı, ahdrehseeneezee veh seegortah noomahrahnızı vehreen

Can you send me a truck to tow my car?
Arabam için çekme aracı gönderir misiniz?
ahrahbahm eecheen chehkmeh ahrahjı gurndehreer meeseeneez

I'd like an interpreter.
Bir tercüman istiyorum.
beer tehrjewmahn eesteeyoroom

Would you mind acting as a witness?
Tanıklık yapar mısınız?
tahnıklık yahpahr mısınız

RENTING A CAR

In big cities and in some touristic places it is possible to rent a car and make your visit an enjoyable one without worrying about your travel arrangements if you hold an international driver's licence.

Car Rental - Araba Kiralama
Dialogue

- **I'd like to rent a car.**
- Bir araba kiralamak istiyorum.
  beer ahrahbah keerahlahmahk eesteeyoroom

- **How much is the rate per day?**
- Günlüğü ne kadar?
  gewnlew neh kahdahr

- **It's 15 thousand liras per day.**
- Günlüğü onbeşbin lira.
  gewnlew onbehsh been leerah

Expressions

What is the charge per week for renting a car?
Arabanın haftalığı ne kadar?
ahrahbahnın hahftahlırı neh kahdahr

May I see your driver's licence, please?
Lütfen ehliyetinizi görebilir miyim?
lewtfehn ehhleeyehteeneezee gurrehbeeleer meeyeem

May I take the car now?
Arabayı hemen alabilir miyim?
ahrahbighı hehmehn ahlahbeeleer meeyeem

Some International Road Signs

Main road thoroughfare
Terçihli yol.

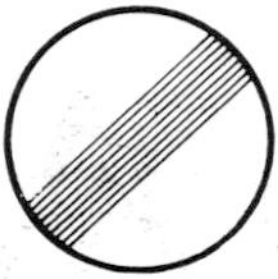

End of estriction
Tahdidin sonu.

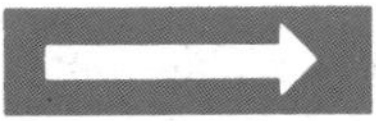

One-way traffic
Tek-yönlü yol

Traffic goes this way
Mecburi yön

Roundabout
Ada etrafında dönülür

Bicycles only
Bisikletler için

Pedestrians only
Yayalar için

Minimum speed limit
Asgari sürat

Keep right
Sağa mecburi yön.

Parking
Park

Hospital
Hastane

Motorway
Otoban

Motor vehicles only
Motorlu araçlar için

Filling station
Benzin istasyonu

No through road
Çıkmaz yol

No vehicles
Kapalı yol

No entry
Taşıt giremez

No overtaking/passing
Sollama yasaktır

Oncoming traffic has priority
Gelen araca yol ver

Maximum speed limit
Azami sürat

No parking
Park yapılmaz

Caution
Dikkat

Intersection
Kavşak

Dangerous bend
Devamlı virajlar

Road narrows
Daralan yol

Intersection with secondary road
Tali yol kavşağı

Two-way traffic
Çift yönlü yol

Dangerous hill
Tehlikeli eğim.

Uneven road
kasis

Falling road
Gevşek şev.

Give way (yield)
Yol ver

Calling the Doctor - Doktor Çağırma

Is there a doctor here?
Burada bir doktor var mı?
boorahdah beer doktor vahr mı

Is there a doctor near here?
Yakında bir doktor var mı?
yahkındah beer doktor vahr mı

Please call a doctor quickly.
Lütfen acele bir doktor çağırın.
lewtfehn ahjehle beer doktor charırın

Can the doctor come here?
Doktor buraya gelebilir mi?
doktor boorahyah gehlehbeeleer mee

Is there a hospital near here?
Yakında bir hastane var mı?
yahkındah beer hahstahhahneh vahr mı

I'm ill. Please take me to a doctor.
Hastayım. Lütfen beni doktora götürün.
hahstahyım. Lewtfehn behnee doktorah gurtewrewn

Is there a doctor who speaks English?
İngilizce bilen bir doktor var mı?
eengeeleezjeh beelehn beer doktor vahr mı

Can you recommend a good doctor?
Bana iyi bir doktor tavsiye edebilir misiniz?
bahnah eeyee beer doktor tahvseeyeh ehdehbeeleer meeseeneez

Where is the doctor's office?
Doktorun muayenehanesi nerede?
doktoroon mooahyehnehhahnehsee nehrehdeh

At the Doctor's Office - Doktorda
Dialogue

- **What's the trouble?**
- Şikayetiniz nedir?
  sheekahyehteeneez nehdeer

- **I have stomach trouble.**
- Midem bozuldu.
  meedehm bozooldoo

- **Do you suffer from diarrhoea?**
- İshal var mı?
  eeshahl vahr mı

- **Yes, I do.**
- Evet var.
  ehveht vahr

- **How long have you been feeling sick?**
- Ne zamandan beri rahatsızsınız?
  neh zahmahndahn behree rahhahtsızsınız

- **For two days.**
- İki günden beri.
  eekee gewndehn behree

- **What did you eat?**
- Ne yediniz?
  neh yehdeeneez

- **I ate chicken.**
  Tavuk yedim.
  tahvook yehdeem

- **Get these analyzed and then see me.**
- Bunları tahlil ettirin ve sonra bana gelin.
  boonlahrı tahhleel ehtteereen veh sonrah bahnah gehleen

Expressions

I don't feel well.
Kendimi iyi hissetmiyorum.
kehndeemee eeyee heessehtmeeyoroom

I have a terrible cold.
Şiddetli üşüttüm.
sheeddehtlee ewshewttewm

I have a fever.
Ateşim var.
ahtehsheem vahr

I have a stomach ache.
Midem ağrıyor.
meedehm arrıyor.

I've got food poisoning.
Zehirlendim.
zeheerlehndeem

I vomited.
Kustum.
koostoom

Something bit me.
Beni bir şey ısırdı.
behnee beer shay ısırdı.

An insect stung me.
Beni bir böcek soktu.
behnee beer burjehk soktoo

I have a headache
Başım ağrıyor.
bahshım arrıyor

I feel dizzy.
Başım dönüyor.
bahshım durnewyor

I have a backache.
Sırtım ağrıyor.
sırtım arrıyor

I have nausea.
Midem bulanıyor.
meedehm boolahnıyor

I have no appetite.
İştahım yok.
eeshtahhım yok

I am shivering.
Titreme geliyor.
teetrehmeh gehleeyor

I'm constipated.
Kabız oldum.
kahbız oldoom

I got wounded.
Yaralandım.
yahrahlahdım

I fell down.
Düştüm.
dewshtewm

My leg has swollen.
Bacağım şişti.
bahjarım sheeshtee

I sprained my arm.
Kolum incindi.
koloom eenceendee

I'm a diabetic.
Şeker hastasıyım.
shehkehr hahstahsıyım

I'm allergic to penicillin.
Penisiline karşı allerjim var.
pehneeseeleenee kahrshı ahllehrzheem vahr

A dog bit me.
Köpek ısırdı.
kurpehk ısırdı

I want to have a rabies vaccination.
Kuduz aşısı olmak istiyorum.
koodooz ahshısı olmahk eesteeyoroom

I'm expecting a baby.
Bir bebek bekliyorum.
beer behbehk behkleeyoroom

Please take off your shirt.
Üstünüzü çıkarın lütfen.
ewtewnewzew chıkahrın lewtfehn

Please lie down over here.
Lütfen şuraya uzanın.
lewtfehn shoorahyah urzahnın

Where does it hurt?
Neresi acıyor?
nehrehsee ahjıyor

Does it hurt here?
Burası acıyor mu?
boorahsı ahjıyor moo

Take a deep breath.
Derin nefes alın.
dehreen nehfehs ahlın.

Hold your breath for a while
Nefesinizi tutun.
nehfehseeneezee tootoon

Open your mouth.
Ağzınızı açın.
ahzınızı ahchın

Stick out your tongue.
Dilinizi gösterin.
deeleneezee gurstehreen

Cough, please.
Öksürün, lütfen.
urksewrewn lewtfehn

You'll have to get a sample of your urine and blood analyzed
Kan ve idrar tahlili yaptırmanız gerek.
kahn veh eedrahr tahhleelee yahptırmahnız gehrehk

You'll have to get an X-ray.
Röntgen çektirmeniz gerekiyor.
runtgehn chehkteermehneez gehrehkeeyor

You'll have to get these injections made.
Bu iğneleri yaptırmanız gerekiyor.
boo eenehlehree yahptırmahnız gehrehkeeyor

You shouldn't smoke or drink.
İçki ve sigara kullanmamanız gerekiyor.
eechkee veh seegahrah koollahnmahmahnız gehrehkeeyor

Take this medicine three times a day.
Bu ilaçtan günde üç defa kullanın.
boo eelahchtahn gewndeh ewch dehfah koollahnın

Take one of these pills before going to sleep.
Yatmadan önce bu haptan bir tane alın.
yahtmahdahn urnceh boo hahptahn beer tahneh ahlın

Is it serious?
Durumum kötü mü?
dooroomoom kurtewmew

No, it's not that serious.
Hayır, ciddi bir şey değil.
highır ceeddee beer shay dereel

I want you to come and see me a week from now.
Bir hafta sonra yine gelin.
beer hahftah sonrah yeeneh gehleen

Can you give me a medical report (excuse) for one week?
Bana bir haftalık rapor verebilir misiniz?
bahnah beer hahftahlık rahpor vehrehbeeleer meeseeneez

Words

dentist	dişçi	deeshchee
dermatologist	cilt doktoru	jeelt doktoroo
gynaecologist	kadın hastalıkları uzmanı	kahdın hahstahlıklahrı doktoroo
optician	göz doktoru	gurz doktoroo
pediatrician	çocuk doktoru	chojook doktoroo
psychiatrist	psikiyatrist	pseekeeyahtreest
ear nose and throat specialist	kulak-burun-boğaz doktoru	koolahk-booroon-boahz doktoroo
internal diseases specialist	iç hastalıkları mütehassısı	eech hahstahlıklahrı mewtehhahssısı
surgeon	operatör (doktor)	opehrahturr (doktor)
urologist	ürolog	ewrolog

Organs of the Body

abdomen	karın	kahrın
ankle	ayak bileği	ahyahk beelehee
appendix	apandis	ahpahndees
arm	kol	kol
artery	atardamar	ahtahrdahmahr
back	sırt	sırt
brain	beyin	behyeen
breast	göğüs	gurrews
carpal bones	bilek kemiği	beelehk kehmeeee
chest	göğüs	gurrews
collarbone (clavicle)	köprücük kemiği	kurprewjewk kehmeeee
ear	kulak	koolahk
elbow	dirsek	deersehk
eye	göz	gurz
finger	parmak	pahrmahk
foot	ayak	ahyahk
gall bladder	safra kesesi	sahfrah kehsehsee
hand	el	ehl
head	baş	bahsh
heart	kalp	kahlp
hip bone	kalça kemiği	kahlchah kehmeeee
intestine	bağırsak	bahırsahk
jaw	çene	chehneh
kidney	böbrek	burbrehk
kneecap (patella)	diz kapağı	deez kahpahı
leg	bacak	bahjahk
lip	dudak	doodahk

liver	karaciğer	kahrahjeehr
lung	akciğer	ahkjeehr
mouth	ağız	arız
nerve	sinir	seeneer
nervous system	sinir sistemi	seeneer seestehmee
nose	burun	booroon
pancreas	pankreas	pahnkrehahs
ribs	kaburgalar	kahboorgahlahr
shinbone	incik kemiği	eenjeek kehmeeee
shoulder	omuz	omooz
shoulder blade (scapule)	kürek kemiği	kewrehk kehmeeee
sole	ayak tabanı	ahyahk tahbahnı
spine	omurga	omoorgah
stomach	mide	meedeh

throat	boğaz	boahz
tibia	kaval kemiği	kahvahl kehmeeee
toe	ayak parmağı	ahyahk pahrmahı
tongue	dil	deel
tooth	diş	deesh
vein	damar (toplardamar)	dahmahr (toplahrdahmahr)
wrist	bilek	beelehk

Diseases	Hastalıklar	
abcess	abse	ahbseh
allergy	allerji	ahllehrzhee
anaemia	kansızlık	kahnsızlık
angina	anjin	ahnzheen
appendicits	apandisit	ahpahndeeseet
arthritis	mafsal iltihabı	mahfsahl eelteehahbı
asthma	astım	ahstım
bleeding	kanama	kahnahman
blister	su toplanması	soo taplahnmahsı
blood poisoning	kan zehirlenmesi	kahn zehheerlehnmehsee
blood pressure	tansiyon	tahnseeyon
boll	çıban	chıbahn
broken bone	kemik kırılması	kehmeek kırılmahsı
bronchitis	bronşit	bronsheet
burn	yanık	yahnık
cancer	kanser	kahnsehr
cardiac condition/ disease	kalp hastalığı	kahlp hahstahlırı
cholera	kolera	kolehrah
concussion	beyin sarsıntısı	behyeen sahrsıntısı
cough	öksürük	urksewrewk
cystitis	sistit/idrar zorluğu	seesteet/eedrahr zoorlooo
diabetes	şeker hastalığı	shenkehr hahstahlıı
diphteria	difteri	deeftehree
dislocation	çıkma	chıkmah
dysentery	dizantiri	deezahntehree
enteritis	bağırsak iltihabı	bahırsahk eelteehahbı
faintness	baygınlık	bighgınlık
gall bladder stones	safra kesesi	sahfrah kehsehsee
hay fever	saman nezlsi	szahmahn nehzlehsee
heart failure/attack	kalp krizi/enfarktüs	kahlp kreezee/ ehnfahrktews

hernia	fıtık	fıtık
hemorrhoids	basur	bahsoor
hight/low blood pressure	yüksek/düşük tansiyon	yewsehk/dewshewk tahnseeyon
indigestion	hazımsızlık	hahzımsızlık
infantile paralysis	çocuk felci	chojook fehljee
infection	mikrop kapma	meekrop kahpmah
infection	enfeksiyon	ehnfehkseeyon
influenza	grip	greep
insomnia	uykusuzluk	ooykoosoozlook
jaundice	sarılık	sahrılık
kidney inflammation	böbrek iltihabı	burbrehk eelteehahbı
kidney stone	böbrek taşı	burbrehk tahshı
liver disease	karaciğer hastalığı	kahrahjeeehr hahstahlıı
measles	kızamık	kızahmık
migraine	migren	meegrehn
nausea	mide bulantısı	meedeh boolahntısı
nervous breakdown	sinir krizi	seeneer kreezee
nervousness	sinir bozukluğu	seeneer bozookloooo
nose-bleeding	burun kanaması	booroon kahnahmahsı
pain	sancı	sahnjı
paralysis	felç	fehlch
poor blood circulation	kan dolaşımı bozukluğu	kahn dolahshımı bozookloooo
rheumatism	romatizma	romahteezmah
scarlet fever	kızıl	kızıl
sciatica	siyatik	seeyahteck
sea-sickness	deniz tutması	dehneez tootmahsı
shivering fits	titreme nöbetleri	teetrehmeh nurbehtlehree
skin disaese	cilt hastalığı	jeelth hahstahlıı
skin irritation	isilik	eeseeleek
slipped disk	disk kayması	deesk kighmahsı
smallpox	çiçek hastalığı	cheechehk hahstahlıı
spasm (cramp)	kramp	krahmp
stress	stres	strehs
sunstroke	güneş çarpması	gewnesh chahrpmahsı
swelling	şişlik	sheesleek
tetanus	tetanoz	tehtahnoz
tonsillitis	bademcik iltihabı	bahdehmjeek eelteehahbı
tuberculosis	verem	vehrehm
tumour	tümör	tewmurr
twist (sprain)	burkulma	boorkoolmah
typhoid	tifo	teefo
typhus	tifüs	teefews

ulcer	ülser	ewleshr
veneral disesaes	zührevi hastalıklar	zewrehvee hahstahlıklahr
want of appetite	iştahsızlık	eeshtahsızlık
whooping cough	boğmaca	bomahjah

At the Dentist's - Dişçide

I have a toothache.
Dişim ağrıyor.
deesheem ahrıyor

I have an abcess.
Abse var.
ahbseh vahr

I have lost a filling.
Dolgum düştü.
dolgoom dewshtew

I have a loose tooth.
Dişim sallanıyor.
deesheem sahllahnıyor

Can you fill my tooth?
Dolgu yapabilir misiniz?
dolgoo yahpahbeeleer meeseeneez

Is it necessary to pull it out?
Dişimin çekilmesi gerekli mi?
deesheemeen chehkeelmehsee gehrehklee mee

Can you fix it temporarily?
Dişimi geçici olarak tedavi edebilir misiniz?
deesheemee gehcheejee olahrahk tehdahvee ehdehbeeleer meeseeneez

Can you repair this denture?
Bu protezi tamir edebilir misiniz?
boo protehzee tahmeer ehdehbeeleer meeseeneez

When will it be ready?
Ne zaman hazır olur?
neh zahmahn hahzır oloor

I don't want it extracted.
Dişimin çekilmesini istemiyorum.
deesheemeen chehkeelmehseenee eestehmeeyoroom

My gum is sore.
Diş etlerim ağrıyor.
deesh ehtlehreem ahrıyor

My gum is bleeding.
Diş etlerim kanıyor.
deesh ehtlehreem kahnıyor

Expressions

I have to extract the one in the front.
Öndeki dişi çekmek zorundayım.
urndehkee deeshee chehkmehk zoroondahyım

I have to extract the one in the back.
Arkadaki dişi çekmek zorundayım.
ahrkahdahkee deeshee chehkmehk zoroondahyım

I have to fill this tooth.
Bu dişe dolgu yapmam gerek.
boo deesheh dolgoo yahpmahm gehrehk

I have to make a denture for the foreteeth.
Ön dişlere protez yapmam gerek.
urn deeshlehreh protehz yahpmahm gehrehk

I have to do a root canal for this tooth
Bu dişe kanal tedavisi yapmam gerek.
boo deesheh kahnahl tehdahveesse yahpmahm gehrehk

I'm only fixing it temporarily.
Yalnızca geçici olarak tedavi ediyorum.
yahlnızcah gehcheejee olahrahk tehdahvee ehdeeyoroom

Please rinse your mouth well.
Ağzınızı iyice çalkalayın lütfen.
ahzınızı eeeeceh chahlkahlahyın lewtfehn

Do not eat anything for two or three hours.
İki üç saat bir şey yemeyin.
eekee ewch sahaht beer shehy yehmehyeen

Come back a week later for a check-up.
Bir hafta sonra kontrole gelin.
beer hahftah sonrah kontroleh gehleen

PHARMACIES/CHEMIST'S

Pharmacies are closed during night time. However, in every district there is at least a pharmacy on duty for emergencies. In the window of every pharmacy you will find a notice showing the pharmacy on duty for that night.

At the Chemist's (Drugstore) - Eczanede

Where is the nearest pharmacy?
En yakın eczane nerededir?
ehn yahkın ehjzahneh nehrehdehdeer

I would like some aspirin.
Aspirin istiyorum.
ahspeereen eesteeyoroom

Can you give me this medicine please?
Şu ilacı verir misiniz lütfen?
shoo eelahjı vehreer meeseeneez lewtfehn

Can you give me a soothing cream for sunburn?
Bana güneş yanığı için bir merhem verir misiniz?
bahnah gewnehsh yahnıı eecheen ber behrhehm vehreer meeseeneez

Could you give me a medicine for allergy?
Bana allerji için bir ilaç verebilir misiniz?
bahnah ahllehrzhee eecheen beer eelahch vehrehbeeleer meeseneez

Can I buy this medicine without a prescription?
Bu ilacı reçetesiz alabilir miyim?
bo eelahjı rehchehtehseez ahlahbeeleer meeyeem

Words

alchohol	alkol	ahlkol
almond oil	badem yağı	bahdehm yahı
antiseptic cream	antiseptik krem	ahnteesehpteek krehm
aspirin	aspirin	ahspeereen
bandage	sargı	sahrgı
calcium tablets	kalsiyum tabletleri	kahlseeyoom tahblehtlehree
camomile tea	papatya çayı	pahpahtyah chighı
castor oil	hint yağı	heent yahı
contraceptive pill	doğum kontrol hapı	dooom kontrol hahpı
corn-plaster	nasır ilacı	nahsır eelahjı
cotton	pamuk	pahmook
coughing syrup	öksürük şurubu	urksewrewk shooroboo
disinfectant	dezenfektan	dehzehnfehktahn
ear-drops	kulak damlası	koolahk dahmlahsı
eye-drops	göz damlası	gurz dahmlahsı
eye-pomade	göz merhemi	gurz mehrhehmee
gauze dressing	gazlı bez	gahzlı benz
glycerine	gliserin	gleesehreen
hydrogen peroxide	oksijenli su	okseezhehnlee soo
hygienic tampon	hiyjenik kadın bağı	heezhyehneek kahdın bahı
insecticide	haşere ilacı	hahshehreh eelahjı
flea powder	pirelere karşı pudra	peerehlehreh kahrshı poodrah
medicine for fever	ateş düşürücü ilaç	ahtehsh dewshewrewyew eelahch
pain killer	ağrı kesici ilaç	ahrı kehseejee eelahch
paper tissues	kağıt mendil	kahıt mehndeel
pastille for sore throat	boğaz pastili	boahz pahsteelee
pomade for burns	yanık kremi	yahnık krehmee
pomade for insect-bites	böcek sokmalarına karşı merhem	burjehk sokmahlahrınah kahrshı mehrhem
purgative	müshil	mewsheel

quinine	kinin	keeneen
saccharine	sakarin	sahkahreen
sedative	müsekkin	mewsehkkeen
sleeping pill	uyku ilacı	ooykoo eelahjı
stockings for varicose veins	varis çorabı	vahrees chorahbı
stomach pill	mide hapı	meedeh hahpı
strip for wounds	yara bandı	yahrah bahndı
suppository	fitil	feeteel
syringe	şırınga	shırıngah
talcum powder	talk pudrası	tahlk poodrahsı
thermometer	derece	dehrehjeh
tincture of iodine	tentürdiyot	tehntewrdeeyot
tranquilizer	sakinleştirici	sahkeenlehshteereejee
vaseline	vazelin	vahzehleen
wound pomade	yara merhemi	yaprah mehrhemee

Before meals.
Yemekten önce.
yehmehktehn urnjeh

While hungry.
Aç karnına.
ahch kahrnınah

According to the doctor's directions.
Doktorun talimatına göre.
doktoroon tahleemahtınah gurreh

After meals.
Yemekten sonra.
yehmehktehn sonrah

Three times a day.
Günde üç defa.
gewndeh ewch dehfah

For internal application.
Dahilen kullanılır.
dahheelehn koolahnılır

For external application.
Haricen kullanılır.
hahreejehn koollahnılır

At the Police Office - Poliste

Where is the nearest police office?
En yakın polis karakolu nerededir?
ehn yahkın polees kahrahkoloo nehrehdehdeer

I want to inform the police of a robbery.
Polise bir hırsızlığı bildirmek istiyorum.
poleeseh beer hırsızlıı beeldeermehk eesteeyoroom

I want to inform the police of an incident.
Polise bir olayı bildirmek istiyorum.
poleeseh beer olahyı beeldeermehk eesteeyoroom

I want to inform the police of a murder.
Polise bir cinayeti bildirmek istiyorum.
poleeseh beer jeenahyehtee beeldeermehk eesteeyoroom

My purse has been stolen.
Cüzdanım çalındı.
cewzdahnım chahlındı

Can you help me?
Bana yardımcı olabilir misiniz?
bahnah yahrdımjı olahbeeleer meeseeneez

Could you be my witness?
Tanıklık yapar mısınız?
tahnıklık yahpahr mısınız

I'm innocent.
Suçsuzum.
soocphsoozoom

Here is my identity card.
İşte hüviyetim.
eeshteh hewveeyehteem

Here is my driver's licence.
İşte ehliyetim.
eeshteh ehhleeyehteem

Here is my passport.
İşte pasaportum.
eeshteh pahsahportoom

Here is my permit
İşte ruhsatım.
eeshteh roohsahtım.

We'll investigate this.
Bunu araştıracağız.
boonoo ahrahstırahjahız

Your address please.
Adresiniz lütfen.
ahdrehseeneez lewtfehn.

Your identity card please.
Kimliğiniz lütfen.
keemleeeeneez lewtfehn.

A

abcess abse 174,176
abdomen karın 172
academy akademi 20
accept kabul etmek 60,84
accident kaza 161
accommodation kalacak yer 48
according to -e göre 48
account hesap 79
accountant muhasebeci 20
ace as 142
acetone aseton 101
across karşıda 23,128
act as witness şahitlik yapmak 163
address adres 47,104,163,182
address book adres defteri 98
adjust ayarlamak 157
admission fee giriş ücreti 144
Aegean sea Ege denizi 116
afraid korkmak 155
after sonra 32,33,37
agent acenta 83
ago önce 34,36
ahead ileriye, ileride 15,24,149
air filter hava filtresi 159
airport hava alanı/limanı 44,45,112
alcohol alkol 179
all hepsi 28
allergic allerjik 169
allergy allerji 174,178
allow izin vermek 145,146
almond oil badem yağı 180
almost hemen hemen 47
altar mihrap 134
always her zaman/daima 34
ambulance cankurtaran/ambulans 162
anaemia kansızlık 175
anchor demirlemek 119
ancient coins eski paralar 130
angina anjin 174
another başka/diğer 47
answer cevap vermek 106
answer-back telegram cevaplı telgraf 105
antifreeze antifriz 152
antique antika 130
antique city tarihi şehir
antique shop antikacı dükkanı 82
apologies özür dileme 27
appendicitis apandisit 174
appendix apandis 174
appetite iştah 169
apple elma 99
apply başvurmak 115
appointment randevu 84
apricot kayısı 100
April nisan 28,29,36
arch kemer 131
archeology arkeoloji 130
architect mimar 20,130

B

C

castor oil hint yağı 180
catering yemek servisi 48
cathedral katedral 132
Catholic church Katolik kilisesi 132
cauliflower karnıbahar 99
cavity cure kanal tedavisi 177
celery kereviz 98
center merkez 24,47
central heating merkezi ısıtma 59
ceramic porselen 131
chains zincirler 39
change bozuk para/değiştirmek 45, 63,91,118,121,151,153,161,163
charge bedel/fiyat 53
charter flight çartır seferi 114
chateau şato 131
cheap ucuz 49,64
check kontrol etmek 24,25,151
checking out ayrılma 59
checkmate şah mat 141
cheese peynir 100
chemist eczacı/kimyager 20
chemist's eczane 178
cheque çek 79
cherry kiraz 99
chess satranç 141
chest göğüs 172
chicken piliç/tavuk 100,167
children çocuklar 42,53,83
china wear store züccaciye 83
cholera kolera 175
chops pirzola 63
Christian Hristiyan 132
church kilise 132
church tower kilise kulesi 132
cigarette case sigara tabakası 93
cigarette sigara 26,43
cinema sinema 134
city center şehir merkezi 24, 47
city map şehir haritası 127
city şehir 24,47
city tour şehir turu 128
clean temiz/temizlemek 57,94 152,157,161
climate iklim 40
cloakroom vestiyer 136
clock saat 92
close kapatmak 58
closed kapalı 122,178
clothes brush elbise fırçası 101
clothes giyecekler/elbiseler 58,94
cloudy bulutlu 40
clutch debriyaj 158
clutch pedal debriyaj pedalı 159
coast kıyı 116,135
coffee kahve 55
cognac kanyak 75
coiffeur kuaför 19
coin demir para 82
cold soğuk/nezle/üşütme 39,64
collar size yaka numarası 85
collarbone köprücük kemiği 1272
collect call ödemeli telefon 105,106
collect telegram ödemeli telgraf 105
cologne water kolonya 101
color chart renk tablosu 96
color film renkli film 90
color renk 84,87
comb tarak/taramak 97,101
come gelmek 23,110,166,171
comedy komedi 136
commemoration kutlama/anma 30
common ortak 4
compartment kompartıman 122
complaint şikayet 58
composer besteci 137
composition beste 136
concert hall konser salonu 137
concert konser 136
concussion beyin sarsıntısı 174
condenser meksefe 160
conductor biletçi/orkestra şefi 122,125,137
confectioner şekerci 66
congratulations tebrikler 27
condition şart 38
connection bağlantı 159
constipated peklik/kabızlık 169
consulate konsolusluk 42
contact lenses kontakt lens 92
contain içermek 125
contraceptive pill doğum kontrol hapı 179
control kontrol 41

dynamo dinamo 158,159
dysentery dizanteri 174

E

Elmalı Church Elmalı Kilise 131
England İngiltere 17,22,35,56,57,79,81
English-speaking guide İngilizce bilen rehber 126
eardrop kulak damlası 180
ear kulak 172
ear-rings küpeler 93
east doğu 40
eat yemek 26,167,168
economics ekonomi 22
efforts gayretler/zahmetler 112
eggplant patlıcan 98
elbow dirsek 172
electrical system elektrik tertibatı 158,159
electricity elektrik 48,63
elementary school ilkokul 20
elevator asansör 58
emerald zümrüt 93
emergencies acil durumlar 178
emergency brake imdat freni 123
emergency exit imdat çıkışı 122
end son 135
engage kavramak 157
engaged dolu/meşgul 123
engine motor 155,158
engineer mühendis 20
enjoyable eğlenceli 116
enlarge büyütmek/genişletmek 91
enter girmek 40,132,133
entering giriş 47
enteritis bağırsak iltihabı 175
entrance giriş 122,123
envelope zarf 80,88,104
evening akşam 14,15,34,109
evening session suare 136
event olay 181
every day her gün 34
every month her ay 34
every week her hafta 34
every year her yıl 34
exceed geçmek 148
excellent mükemmel 69
exchange bozdurmak 44,78
exchange department kambiyo bölümü 80
excursions rezervasyon 48
excuse me affedersiniz 15,109,118
exhaust pipe egzost borusu 156,158
exhibition sergi 131
exit çıkış 46,122
expect beklemek/ummak 132 170
expensive pahalı 48
express letter ekspres mektup 104
express telegram acele telgraf 105
expressions örnekler 62
exterior cabin dış kamara 117
external applications dış kullanımlar/harici kullanımlar 180
extract çekmek 177
eyedrop göz damlası 179
eye göz 172
eye pencil göz kalemi 101
eye pomade göz merhemi 179
eye shadow far 101
eyeglasses gözlük 91

F

faculty fakülte 20
faintness baygınlık 175
fall sonbahar 29
fall down düşmek 169
family aile 48
fan belt vantilatör kayışı 157,160
fan vantilatör 158
far away uzak 128
far from uzak 127
fare bedel/karşılık 51,115
father baba 27
February Şubat 28
feel dizy baş dönmesi 168
feel well iyi hissetmek 168
feeling his 167
Fethiye Fethiye 116
femur kalça kemiği 172

G

H

I

i

internal applications dahili kullanımlar 180
in the train trende 120
international code number uluslararası kod numarası 106
international driver's licence uluslararası sürücü ehliyeti 163
interpreter tercüman 20, 163
intersection kavşak 149
introduce tanıtma 19, 48
introductions tanıştırma 16, 19
invitation davetiye 141
invoice fatura 85
İskender kebap İskender kebab 67
İskenderun İskenderun 116
İstanbul İstanbul 221, 82, 106, 116
İstanbul harbor İstanbul limanı 116
İzmir İzmir 116, 148

J

jammed sıkıştı 89, 160
January Ocak 28
jaundice sarılık 175
jaw çene 172
jell jöle 96
jewel box mücevher kutusu 93
jeweller's kuyumcu dükkanı 93
jeweller kuyumcu 82
Jewish Yahudi 132
join katılmak 110, 132, 144
joint bill tek hesap/birlikte hesap 67
joint birleşik 159
joker joker 142
journals dergiler 81
journey by car araba ile seyahat 147
judge hakim 20
juice meyve suyu 55
July Temmuz 28
junction kavşak 149
June Haziran
just tam 47

K

kadayıf kadayıf 68
key anahtar 22, 59
kidney inflammation böbrek iltihabı 174
kidney böbrek 100, 173
kidney stone böbrek taşı 174
kinds çeşitler 63
king papaz 142
kitchen mutfak 48, 63, 68
kneecap dizkapağı 173
knight at 141
knot topuz 96
know bilmek 15, 141
kranshaft krank mili 159

L

label etiket 98
ladies bayanlar 123
languages diller 25
large token büyük jeton 107
last month geçen ay 34
last stop son durak 125
last week geçen hafta 34
last year geçen yıl 34
later daha sonra 36
lawyer avukat 20
leak sızmak 161
leaking sızıntı/kaçak 157
lean out of sarkmak 123
leather deri 82
leave bırakmak 33, 54, 109, 117, 120, 152
leave the harbor limandan ayrılmak 118
leek pırasa 98
left sol 15
left luggage office emanet bürosu 121
leg bacak 169, 173
lemon limon 99
let bırakmak 110
letter abroad yurtdışı mektup 104
letter mektup 102, 103
letter of credit kredi mektubu 80
lettuce marul 99
library kütüphane 131

1

money-order by telegram telgraf havalesi 105
Monday Pazartesi 28
months aylar 28
morning sabah 15,34,57
mosaic mozaik 131
moslem müslüman 134
Moslem religious clerk hoca 134
mosque cami 129,130,132,133
mosque yard cami avlusu 134
motel motel 48,50
mother anne 19
motor boat deniz motoru 147
motorcycle motorsiklet 150
mountain dağ 145
moustache bıyık 97
mouth ağız 170,172
move hareket etmek/kımıldatmak 162
movie filim 134,135
murder cinayet 181
Mrs. hanım 15
museum müze 128,129
music müzik 130
musical müzikal 82
musician müzisyen 20
mutton koyun eti 63
mutton tripe işkembe 66
my benim 105

N

nail file tırnak törpüsü 101
nail polish tırnak cilası 101
nail scissors tırnak makası 101
name isim 138
napkin peçete 56
nation ulus 29
National Sovereignity and Children's Day Ulusal Egemenlik ve Çocuk Bayramı 29
nausea in the stomach mide bulantısı 169
near yakın 23,128
nearest en yakın 103,106
necessary gerekli 39
need ihtiyacı olmak 144
nerve sinir 174
nervous breakdown sinir krizi 175
nervous system sinir sistemi 174
nervousness sinirlilik 175
new yeni 27
newspaper gazete 20,57,81
newsstand gazete bayii 83
next day ertesi gün 48
next week gelecek hafta 34
next month gelecek ay 34
next year gelecek yıl 34
nice hoş/güzel 38,51
niche mihrap 134
night gece 15,53,178
night club gece kulübü 137
night cream gece kremi 101
night rate gece tarifesi 107
nighttime gece vakti 178
no hayır 15,20
no swimming yüzmek yasaktır 147
no ticket for tonight bu gece için bilet kalmadı 135
nobody hiçkimse 106
noon öğle 14,15
normal telegram normal telgraf 105
north kuzey 40
nose bleeding burun kanaması 174
nose burun 172
notebook defter 99
notice dikkat 178
November Kasım 28
now şimdi 36
numbers numaralar 31,48,54,79,106
nun rahibe 132
nurse hemşire 20
nursemaid ebe 20

O

obstructed tıkalı 58
occasionally genellikle 48
occupation iş 138
October Ekim 28,30
offer teklif 110
officer (customs) memur 41
official (government) memur 19

P

Q

R

S

T

U

Uludağ Uludağ 142
understand anlamak 15
Urfa cheese Urfa peyniri 100
urgent acil 15
urgent mail acele posta 104
urgent telegram acele telgraf 105
urologist ürolog 172
use kullanmak 48
usually genellikle 47,63

V

vacant boş 50
vacation tatil 43
valet vale 142
valuable değerli 54
valve spring süpap yayı 160
valce spring süpap yayı 160
vantilator vantilatör 59
varieties of çeşitleri 100
variety çeşit 48,63
various çeşitli 48,63
vaseline vazelin 179
vegetable sebze 63
vehicle entrance taşıt girişi 149
vehicle taşıt 149
vein damar 174
veneral diseases zührevi hastalıklar 175
very close çok yakın 128
victory zafer 30
visa vize 41
visit ziyaret etmek 113
visiting ziyaret 109
vodka votka 64
volleyball game voleybol oyunu 145
votage voltaj 118
vomit kusmak 168
voyages seyahatler 116

W

waiter garson 20
wait for beklemek 55
wake uyanmak 57
walk around dolaşmak 132,133
wall painting duvar resmi 131
want istemek 87,92,94,96
want of appetite iştahsızlık 175
wash yıkamak 58
washed yıkanmış 151
watch saat 92,93
watchmaker saat tamircisi 92
water su 59
water color set suluboya takımı 98
water pump su pompası 160
water ski su kayağı 147
water skiing su kayağı yapmak 144
watermelon karpuz 100
WC tuvalet 62
we biz 121,139
weak zayıf 160
wear giymek 87
wedding ceremony düğün töreni 132
wedding ring nikah yüzüğü 93
Wednesday çarşamba 28
week hafta 28,38,52,62
weigh anchor demir almak 119
weight ağırlık 104
welcome hoşgeldiniz 109
well-done iyi pişmiş 69
west batı 40
what ne 36,106,144
what places hangi yerler 113
what time do we arrive in ne zaman varacağız 115
what time ne zaman 126,128
what time will the next ferry boat leave? bundan sonraki feribot ne zaman kalkacak? 117
what's the name of the lake below aşağıdaki gölün adı ne 115
what's our altitude in flight uçuş yüksekliğimiz ne kadar 115
wheather hava 38
weather report hava raporu 40
wheels tekerlekler 159
when ne zaman 107,117,133
where nerede 106,121,140
where will it depart nereden kalkacak 117
which century kaçıncı yüzyıl 130

Y

Z

CONTENTS IN ALFABETHICAL ORDER

A

S

T

V

W

BASIC LANGUAGE GUIDEBOOKS

Guidebooks for the Turkish

German	Italian	Uzbeck
English	Spanish	Kazaklı
French	Arabic	Hebrew
	Russian	

Guidebooks for the Foreigners

German	Italian	Finnish
English	Spanish	Dutch
French	Romanian	Hungarian

Pocket Guidebooks

German - Turkish / English - Turkish

TRAVEL GUIDES

Blue Voyage Set

In this set there are 6 books on Bodrum, Marmaris, Dalyan, Fethiye, Göcek, Kekova resorts. They were published in various languages. In each book there are regional maps and city plans.

Travelogues of Turkey

Golden Country Turkey (Prestij)

Golden Country Turkey (published in various languages)

TEACHING TURKISH AS A FOREIGN LANGUAGE

Türkçe Öğrenelim 1 (Let's Learn Türkish 1)

English and German Glossaries are available.

Türkçe Öğreniyoruz 1, 2, 3, 4, 5, 6

This set consists of 6 course books and 40 glossaries in various languages. In addition, for the first 3 books cassettes are available.

English	Spanish	Hebrew
German	Dutch	Azeri
French	Japanese	Kazakh
Arabic	Russian	Uzbeck
Persian	Albanian	Turkmenian
Italian	Serbo-Croat	Kyrgyz

Teaching Turkish As a Foreign Language to the German.

MERHABA
GÜNAYDIN
İYİ AKŞAMLAR

MEYVA SUYU
KAYISI
PORTAKAL
ELMA apple
KİRAZ